COMO NÃO TER MEDO

Gareth Higgins

PREFÁCIO DE KATHLEEN NORRIS

COMO NÃO TER MEDO

7 estratégias para enfrentar as angústias e viver melhor

tradução
LUCIANE GOMIDE

TÍTULO ORIGINAL *How not to be afraid*

© 2021 by Barbara Becker.
Publicado em acordo com Flatiron Books.
Todos os direitos reservados.
© 2022 VR Editora S.A.

Latitude é o selo de aperfeiçoamento pessoal da VR Editora

DIREÇÃO EDITORIAL Marco Garcia
EDIÇÃO Marcia Alves
PREPARAÇÃO Maria Isabel Ferrazoli
REVISÃO Laila Guilherme
FOTO E VETOR DE CAPA Photo by 青晨 on Unsplash; Black Vectors by Vecteezy
DESIGN DE CAPA E DIAGRAMAÇÃO Pamella Destefi

**Dados Internacionais de Catalogação na Publicação (CIP)
(Câmara Brasileira do Livro, SP, Brasil)**

Higgins, Gareth
Como não ter medo: sete estratégias para enfrentar
as angústias e viver melhor / Gareth Higgins; tradução
Luciane Gomide; prefácio de Kathleen Norris. — Cotia, SP:
Latitude, 2022.

Título original: How not to be afraid
ISBN 978-65-89275-22-0

1. Conduta de vida 2. Medo — Aspectos religiosos I. Norris,
Kathleen. II. Título.

22-103833   CDD-248.4

Índices para catálogo sistemático:
1. Medo: Conduta de vida: Vida cristã 248.4
Cibele Maria Dias — Bibliotecária — CRB-8/9427

Todos os direitos desta edição reservados à
VR EDITORA S.A.
Via das Magnólias, 327 – Sala 01 | Jardim Colibri
CEP 06713-270 | Cotia | SP
Tel.| Fax: (+55 11) 4702-9148
vreditoras.com.br | editoras@vreditoras.com.br

para Brian Ammons,

que uma vez me acordou de um pesadelo

e disse: "Está tudo bem. Está tudo bem.

Você está seguro".

E ele estava certo.

Ao longo dos anos, aprendi que, quando uma pessoa está decidida, isso diminui o medo; saber o que deve ser feito acaba com qualquer receio.

— Rosa Parks

sumário

Prefácio, por Kathleen Norris	xi
Apresentação	xv
Introdução	1

parte 1

1	De que você tem medo?	15
2	Medo é uma história	26
3	Uma breve história do medo	40
4	Você não sabe o fim da história	59
5	Sua história pode ser um abrigo	72

parte 2

6	Medo de ficar sozinho	86
7	Medo de ter feito algo que não pode ser reparado	95
8	Medo de uma vida sem sentido	108
9	Medo de não ter o suficiente	120
10	Medo de ser fragilizado para sempre	139
11	Medo do mundo	161
12	Medo da morte	187
	Epílogo	202
	Bênçãos	206
	Agradecimentos	216
	Notas	219

prefácio

"**SEU APREÇO PELO** mundo nunca é suficiente, até que você acorde todas as manhãs no céu." Muitos de nós não conseguimos pensar como o poeta britânico do século XVII Thomas Traherne, mas ele nos mostra que temos uma opção: abraçar a gratidão tão plenamente que ela ofusque nossa ansiedade e nosso medo.

Para que não tachemos Traherne como ingênuo ou tolo, considere que a era em que viveu foi bastante instável: em meio a uma violenta guerra civil e execução do rei, seguida pela brutal ditadura de Oliver Cromwell. A agitação social só diminuiu quando Traherne já tinha 24 anos e foi ordenado padre anglicano, mas, cinco anos depois, a peste bubônica atingiu Londres, matando milhares de pessoas, fechando todo o comércio e destruindo a vida social. Imagine o terror de não saber o que causara a doença, o que poderia curá-la ou quanto tempo duraria.

E ainda assim vemos Thomas Traherne acordando todas as manhãs no céu. Sua fé religiosa sem dúvida o ajudou, mas o tipo de gratidão que ele exala não a exige. É algo que requer uma avaliação realista de nossos medos.

Agora temos um livro para nos ajudar nisso. *Como não ter medo* é uma mistura sincera de memórias e sugestões práticas para lidar com o medo. Este é um livro necessário em uma época em que tantas pessoas têm muito a temer e na qual o medo é manipulado para ganhos políticos. Gareth Higgins examina a grande gama de temas que envolvem a ansiedade humana, que vai de sentimentos de vergonha e exclusão a

PREFÁCIO

preocupações com conflitos sociais. Ele rejeita firmemente a noção de que seja necessária a violência para vencer o medo e restaurar a ordem.

Tornei-me amiga de Gareth quando ele me convidou para um de seus retiros anuais na Irlanda do Norte. Lá aprendi mais sobre os terrores que ele experimentou enquanto crescia em meio aos conflitos em seu país. Mas também aprendi sobre os esforços de pacificação em que ele e muitos outros estão empenhados na esperança de transformar sua sociedade em algo melhor.

Confesso que não gosto de livros de autoajuda. Eles geralmente oferecem uma falsa sensação de segurança, sugerindo que podemos controlar nossa vida com pensamentos felizes e uma lista do que devemos e não devemos fazer. Mas este livro é totalmente diferente. É um convite gentil, aberto, cheio de histórias convidativas que nos permitem nos encontrar em suas páginas. Ao lermos sobre como Gareth enfrentou o terror em sua vida, somos desafiados a refletir sobre nossos próprios medos e a imaginar um caminho para nos tornar melhores, para fazer uma história melhor.

Deus sabe que precisamos disso. Podemos ser programados para temer o perigo genuíno. Mas, muitas vezes, deixamos que isso nos aprisione até que, como Gareth aponta, se torne autodestrutivo. Certa vez, testemunhei uma amiga querida andando de um lado para o outro, torcendo as mãos e rangendo os dentes, preocupada com a filha que voltava para casa para o Dia de Ação de Graças vinda da faculdade que ficava a trezentos quilômetros de distância. Quando finalmente a garota chegou, houve abraços, lágrimas e risos. Mas, em poucos minutos, ela estava rangendo os dentes e torcendo as mãos novamente.

— Qual o problema? — eu perguntei.

Ela respondeu:

— Agora preciso me preocupar em como ela vai voltar em segurança.

Nossos medos podem se tornar um curto-circuito espiritual, como aconteceu com a minha amiga: impedindo-nos de estar totalmente presentes,

PREFÁCIO

mesmo com aqueles que amamos. Mas Gareth sabe que há outra maneira, e ele nos proporciona uma visão valiosa sobre a diferença entre o medo debilitante e o medo sagrado que nos dá coragem. Identificar e enfrentar nossos medos pode nos abrir para atos de grande compaixão.

Penso nas mulheres cistercienses que optaram por permanecer na Venezuela, apesar do caos que se agrava ali. Assumindo uma posição de gentileza diante da violência e da adversidade, elas compartilham com seus vizinhos cada vez mais privações e fazem o que podem pelas pessoas que as procuram em busca de comida, roupas, sapatos e remédios. Uma fotografia recente mostra essas mulheres com um sorriso largo no rosto. Elas vivem a história que têm de viver, cultivando a paz em circunstâncias difíceis. Se vissem a afirmação de Gareth de que "o poder de contar uma história pode ser maior do que a capacidade de lançar mísseis", imagino que ririam e diriam: "Mas é claro!".

Escolher não temer diante do perigo pode nos tornar não apenas gratos, mas corajosamente proféticos, o que me leva de volta a Thomas Traherne. "Você nunca desfruta do mundo corretamente até que o próprio mar flua em suas veias", escreveu ele, "até que esteja vestido com os céus e coroado com as estrelas." O que ele só podia imaginar àquela época, hoje sabemos ser verdade: o sangue humano tem a mesma composição química da água do mar, e todos os átomos de nosso corpo já estiveram dentro de uma estrela.

Graças ao telescópio Hubble, somos as primeiras pessoas capazes de ver nossa casa por completo, um lindo orbe azulado na escuridão do espaço. Existe, em nossos medos, uma história melhor; deixe este livro ajudá-lo a encontrá-la.

—Kathleen Norris, autora de *Journey:*
New & Selected Poems; *Dakota*; *O*
caminho do claustro; e *Acedia & Me*

apresentação

QUANDO EU ESTAVA terminando a versão final deste livro, você e eu vivíamos em meio a crises. A ameaça existencial das mudanças climáticas se aproximava, a pandemia da Covid-19 havia tirado a vida de um número inimaginável de pessoas e o autoritarismo continuava a afirmar que a vida de algumas pessoas vale mais do que a de outras. O *lockdown* em resposta à Covid-19 deixou muitos de nós enfraquecidos tanto sentimental quanto financeiramente. O mundo que pensávamos conhecer nos revelou quebrado.

No entanto, ao mesmo tempo que uma pandemia estava em curso, outro movimento global, belo e vivificante, se desenrolava, oferecendo até mesmo um antídoto para outras crises. Foi um movimento de coragem e criatividade no qual milhares de pessoas descobriram e viveram uma relação interdependente com o ecossistema e com os seres humanos local e globalmente. Esse movimento acreditou na visão de uma comunidade amorosa, se opôs de forma não violenta às narrativas supremacistas e ao individualismo agressivo e agiu por uma sociedade mais justa, pacífica e bonita. Às vezes, esse movimento parecia o rompimento de uma barragem; às vezes, poesia, e, independentemente dos erros ou da dor que ocorressem ao redor, o núcleo animado do movimento simbolizava uma esperança ativa. Quando estiver lendo este livro, seu mundo pode parecer muito diferente. Ou não.

As pessoas preveem o fim do mundo desde que começamos a con-

APRESENTAÇÃO

tar histórias, e as profecias de uma utopia futura parecem prevalecer de igual modo. Se as coisas estão melhorando ou piorando, depende do ponto de vista de cada um e daquilo que nos preocupa. Percebi que é mais útil imaginar que cada momento traz benesses e desafios. Nenhum propósito vivificante é alcançado se exageramos os desafios que enfrentamos ou, especialmente, se entramos em pânico com eles. Esconder-se da dor do mundo obviamente também não ajuda. Por outro lado, querer muito "progresso" pode nos cegar a ponto de não notarmos como algumas coisas de fato melhoraram. Também precisamos aprender sobre o que *podemos realmente* fazer para nos tornarmos ainda melhores. Mas você não precisa negar o sofrimento real para notar as possibilidades surpreendentes e a dádiva de um momento em que a interdependência entre os humanos e o ecossistema é expressa de forma mais audível, ampla e criativa do que nunca. Para ser honesto, é possível enfrentar os obstáculos para nos tornarmos pessoas mais completas sem ter de vestir o manto profético da desgraça. As pessoas têm problemas, então problemas ocorrerão. No entanto, todos somos capazes de fazer mais e de uma melhor forma do que muitas vezes acreditamos. Se prestarmos atenção ao que é real, as pessoas continuarão a despertar para superar o poder do egoísmo. Muitas formas de viver já fragilizadas serão curadas de forma mais global. A interdependência das relações entre os humanos e o ecossistema será mais honrada, as desigualdades e outras injustiças serão enfrentadas e superadas pela visão amável da comunidade, e a retribuição dará lugar à criatividade. Algumas coisas continuarão ruins, mas, em meio aos destroços, a cura será acelerada. O quanto vivenciaremos a cura dependerá da história que contamos — talvez, especialmente, da história que contamos sobre o medo.

Não importa o que tenha acontecido desde que escrevi estas palavras, eu ainda as ofereço na esperança de que a história do medo e das pessoas que aprenderam a transformar ou mesmo a curar suas feridas tenha muito a nos ensinar. Claro, nossa posição social molda como sentimos medo e

APRESENTAÇÃO

os recursos externos mais facilmente disponíveis para nós. É mais difícil caminhar em um contexto racista como uma pessoa não branca, em um contexto heterossexista como uma pessoa LGBTQIA+ e em um contexto patriarcal como uma mulher. Minha raça, gênero, *status* socioeconômico, orientação sexual, formação educacional e cidadania me garantem alguns privilégios não conquistados, e também há alguns lugares onde posso começar em desvantagem. Sou mais privilegiado do que a maioria e carrego alguns fardos também. A responsabilidade exigida do privilégio é servir. O convite nos lugares em que não temos privilégio é buscar apoio em uma comunidade interdependente. Sou desafiado e inspirado pelo mantra de Adrienne Maree Brown: "Onde nascemos com privilégio, somos encarregados de desmantelar qualquer mito de supremacia. Onde nascemos para a luta, somos encarregados de reivindicar nossa dignidade, alegria e libertação". Este livro descreve alguns passos para superar o medo desnecessário e debilitante, para servir a partir de nosso privilégio e reparar nossa carência.

Uma das lições mais importantes incorporadas pelos defensores mais notáveis da comunidade amada — de Jesus a Rosa Parks, de John Lewis a Bayard Rustin — é que superar o medo é principalmente um trabalho interno, não totalmente dependente de circunstâncias pessoais ou políticas. Precisamos de um coração aberto, de alguém com quem conversar e da disposição de revelar nosso verdadeiro eu na estrutura do mundo ao redor, preocupando-nos menos com os julgamentos dos outros e mais com o bem comum. Há um bônus: a jornada para liberar o medo desnecessário pode ajudar a nos tornarmos melhores ativistas — e mais alegres também.

O medo pode ser debilitante. O caminho para superá-lo pode ser emocionante. Esse caminho se desdobra ao passo que, aos poucos, expande a mente, abre o coração, revigora o corpo, conduz a comunidade e a embebe de amor.

E o primeiro passo é arriscar ao imaginar algo simples: você não precisa estar sempre amarrado à história que viveu até hoje.

introdução

EU CRESCI COM MEDO.

O medo não era irracional, visto que nasci em uma sociedade que estava se dilacerando. Milhares de pessoas foram mortas, dezenas de milhares feridas e centenas de milhares traumatizadas na Irlanda do norte* por causa de sua identidade política. Minha família, como muitos, experimentou a violência diretamente; como muitos, tínhamos o mesmo medo de nos perder uns dos outros e de não conseguir nos proteger. Eu estava protegido até certo ponto pelo privilégio de morar em um bairro "mais seguro", mas ainda éramos vulneráveis e ninguém estava totalmente isento dos problemas. Como era adolescente na época, compensei isso fazendo parte de uma comunidade religiosa que era uma mistura estranha e maravilhosa: doadora (acreditávamos que todo ser humano é convidado para uma bela vida de serviço e partilha), progressista (nos preocupávamos com a pobreza e queríamos que protestantes e católicos se relacionassem bem), confusa (nosso deus ameaçou nos torturar para sempre se não acreditássemos nas doutrinas certas, mas nos amou tanto

---

* Escrevo o nome da minha terra natal com "n" minúsculo por causa da discordância entre nosso povo sobre como chamá-la. Pessoas que se identificam como irlandeses tendem a chamá-la de "o Norte" ou "os Seis Condados"; pessoas que se identificam como britânicas tendem a chamá-la de "Irlanda do Norte". Eu reivindico uma herança mista — católica, protestante, irlandesa, britânica — e penso nela como pertencendo a todos e a ninguém. Mudar a grafia é uma parte da tentativa de mudar a história.

INTRODUÇÃO

que ele* nos daria um membro extra do corpo se precisássemos) e moralmente puritana (em questões sexuais, não financeiras).

Cresci com medo em minha casa, e minha ansiedade podia ser desencadeada por qualquer coisa, incluindo o clima, a televisão e o dia. Eu cresci com medo do meu país, onde sustos com bombas eram um fato da vida e inimizades étnicas dizem que até mesmo *chamá-lo* de país é contencioso. Cresci com medo do meu corpo, que não sabia se aceitar e era desumanizado pela religião puritana cada vez que tentava. E cresci com medo de Deus, que, segundo me disseram, me amava do jeito que eu era, mas ainda estava determinado a me transformar em outra coisa.

Cresci com medo e somente em meados de meus 30 anos pude conceber que havia outras maneiras de viver — que a felicidade é possível, mesmo quando já se experimentou tanta vergonha nas mãos de uma cultura religiosa e política que *você* até se convence de que merece aquele ódio. Mesmo quando você considerou parar o próprio coração porque a dor de suas histórias parecia grande demais. Mesmo quando você magoou outras pessoas por falta de sabedoria, maturidade e graça para reconhecer o impacto de suas ações sobre elas. Mesmo quando você sente que as condições mínimas para a esperança foram varridas por um *tsunami* de culpa, tristeza e medo. Mesmo quando você fica tão dominado pelo terror que realmente pode ser chamado de *possessão*.

E então... algo novo. Bem, na verdade, é algo antigo. Talvez, digamos, algo inesperado.

O medo se tornou um portal. Um portal para um ambiente mais emocionante, pacífico, útil e *cheio* de vida. Como Yeats escreveu sobre a paz, veio "chegando devagar". E o engraçado é que *ultrapassar* o medo parecia depender de saber como é ser superado por ele. Não há como

---

* Esse deus não é iluminado o suficiente para aceitar um pronome de gênero neutro.

INTRODUÇÃO

saber o que é não sentir medo, a menos que se conheçam as intimidades do terror. Não há como realmente sentir alegria, a menos que se conheça a tristeza; a confiança parece mais real para os ansiosos; a beleza do horizonte é mais imediatamente notável quando se está vagando por um horroroso pântano. Ouvi muitas histórias de terror quando era criança, mas também me lembro de montanhas lindas e de poços sagrados e de tortas de carne e do Live Aid (concerto realizado em 13 de julho de 1945, cujo objetivo era arrecadar fundos a fim de combater a fome na Etiópia). Muito mais importante que isso, experimentei a amizade: com as pessoas, com a terra, com o Bem, longe e perto ao mesmo tempo.

Agora — às vezes, pelo menos — o medo me anima. Às vezes, o terror se transforma em estímulo. Este livro é sobre as lições que aprendi — e ainda estou aprendendo — nessa jornada, as quais lhe ofereço na esperança de que também possam ajudá-lo. Porque, no sentido mais profundo, o que aconteceu comigo também aconteceu com você. É claro que existem feridas, injustiças e medos maiores e menores. É claro que alguns sofrem de maneiras que a maioria de nós sequer pode imaginar. É claro que muito do sofrimento no mundo deriva das escolhas de outras pessoas, que vão desde o agressor em um parquinho até sistemas políticos, econômicos e culturais. Nenhum de nós pode verdadeiramente conhecer o medo do outro.

No entanto, conforme caminha com qualquer medo que se agarre a seus pés ou que o tenha nas mãos, você não está tão sozinho quanto pensa. Quer o seu medo seja sobre vergonha, doença, dinheiro, relacionamentos, depressão, poder, preconceito, significado, quer seja sobre o fim da civilização em si, prometo que, se seguirmos juntos, estaremos bem.

Comecei a escrever este livro quando estava emergindo de debaixo do manto do medo, e estou evoluindo desde então ao longo de mais de uma década de tropeços, contratempos e da graça contínua do aprendizado. Olhando para trás, acho que crescer com medo se tornou uma vantagem, e sou genuinamente grato por minha jornada até meu limite. Sou grato

INTRODUÇÃO

pelo medo e pelo sentimento de proximidade da morte, porque eles me ensinaram que estou vivo. Eles me mostraram o milagre de todos os dias. Nem sempre consigo me sentir assim, mas tenho conseguido com mais frequência.* Há momentos em que opto por pensar que as árvores desfolhadas na frente da janela do escritório espalharam suas folhas secas, pelo menos em parte, para que eu pudesse ver as montanhas atrás delas, que meu coração partido e a confusão de minha mente não são realmente o que imaginei ser. É mais fácil compreender isso como o rompimento de uma dura casca que continha meu coração e a abertura de minha mente para começar a transcender o medo de compartilhar meus dons. A experiência de quatro décadas resistindo à morte mostra que, por mais difíceis que as circunstâncias possam parecer, o hoje não é para sempre. O medo não é uma sentença de prisão perpétua, mas um presente. E parte desse presente só existe quando é compartilhada.

Então vamos lá.

O ASSALTO (2001) é um filme irritante, mas delicado, sobre um tipo de ladrão que se distingue pela sua eloquente retórica e por suas piadas irônicas. Em resposta à afirmação de que ele é um "cara muito inteligente", o mestre ladrão interpretado por Gene Hackman nos diz o seguinte: "Não sou tão inteligente. Eu tento imaginar um cara mais inteligente do que eu. Então me pergunto: 'O que ele faria?'".

Em geral, os bandidos são capazes de insights perenes. Antes de se tornar sábio, você precisa admitir que não é.

Existem três respostas típicas ao medo: lutar, fugir ou paralisar. Essas três respostas são, na verdade, histórias que contamos a nós mesmos sobre

---

* Agradeço à minha amiga Nance Pettit por essa bela maneira de pensar sobre o crescimento espiritual.

INTRODUÇÃO

o que fazer com o medo. Quando estamos com medo, repetimos histórias que aprendemos as quais nos dizem que devemos lutar, fugir ou paralisar. Às vezes, por causa dessas histórias que contamos em função de nosso medo, machucamos os outros: atacamos membros da família ou começamos guerras. Às vezes, em nosso medo, tentamos escapar das vozes em nossa cabeça e não terminamos o trabalho que estamos aqui para fazer e não compartilhamos os dons que viemos compartilhar. Às vezes, em nosso medo, ficamos entorpecidos, ficamos presos e não fazemos nada. Sentimos saudades da vida, e as pessoas com quem poderíamos compartilhá-la sentem nossa falta. Lutar contra o medo tende a provocar uma reação ainda mais agressiva e amedrontadora; fugir disso enfraquece nossa vida; paralisar não muda nada.

Essas três respostas ao medo são totalmente naturais e, embora nos ajudem em caso de perigo imediato, não nos ajudam a crescer. Passei a maior parte da vida dominado pelo medo. Essas três respostas dominaram meus pensamentos e minhas ações: lute, fuja, paralise e repita. Elas me levaram ao limite. Os medos estabeleceram morada em minha imaginação. Fiquei desesperado.

Não sou muito inteligente. Assim como o personagem de Gene Hackman, tentei imaginar o que alguém mais inteligente do que eu faria. Com o tempo, descobri um pouco de sabedoria que acabou mudando tudo.

Há uma quarta história.

O nome deste livro é *Como não ter medo*, mas não se trata de eliminá-lo. É sobre aprender a sentir medo sem ser controlado por ele. É sobre saber a diferença entre medo saudável e paranoia. É sobre nos tornarmos ternos o suficiente com nós mesmos e nos conectarmos o suficiente com nosso verdadeiro eu para encontrar o dom *sob* o medo.

O medo não vai embora — nem deveria. Às vezes, ele nos ajuda a tomar decisões sábias: a usar o cinto de segurança, a não colocar a mão na jaula do tigre, a ir devagar. Às vezes, nosso medo é sobre a perda — a

INTRODUÇÃO

doença ou a morte de um ente querido, por exemplo —, e ele deve ser abraçado com grande ternura. O problema é quando o medo se torna a lente através da qual vemos tudo. Em geral, temos medo das coisas erradas ou tememos as coisas certas da maneira errada. Então, achamos difícil ou impossível encontrar a diferença entre a história que se passa em nossa cabeça e o que realmente enfrentamos.

A primeira coisa que você percebe quando sente tanto medo quanto eu é que não quer senti-lo. É desagradável. Atrapalha. Muitas vezes parece perda de tempo e, concomitantemente, parece impossível mudar isso.

Um sábio amigo certa vez me disse que 90% de nossos medos não refletem a realidade. Passei anos procurando o artigo revisado de um periódico de psicologia em que essa estatística foi publicada. Ainda não encontrei, mas ele tem um quê de verdade. Quantas vezes já enfrentei algo que parecia assustador, mas depois percebi que não era tão ruim assim? E mais vezes ainda o que eu temia simplesmente não aconteceu. Medo e perigo não são a mesma coisa. Temos a tendência de exagerar o perigo, imaginando-o onde não existe, e geralmente subestimamos o que podemos fazer a respeito das ameaças que de fato existem. Se não aprendermos o que fazer com o medo, podemos perder a beleza de cada dia vivido em comunidade, a serviço do bem comum,* em gratidão pelo surpreendente presente de simplesmente estar vivo.

Existe uma ideia antiga de que o temor a Deus é o começo da sabedoria. Vou arriscar sugerir que essa ideia foi fundamentalmente mal compreendida. Isso não significa que haja um cara barbudo assustador no céu que o ama tanto que vai matá-lo se não concordar com ele. Mas significa que se tornar sábio começa por respeitar a realidade. Existe

---

* O bem comum não diz respeito apenas aos seres humanos, mas a todo o ecossistema. Claro, os seres humanos também fazem parte do ecossistema. O que é realmente bom para o ecossistema e o que é realmente bom para os humanos não pode ser desvendado.

INTRODUÇÃO

uma maneira saudável de sentir medo que nos ajuda a viver melhor e uma maneira prejudicial que nos adoece. Há um caminho usual, mas, às vezes, escondido, que pode nos ajudar a enxergar essa diferença.

Escolher esse caminho não nos mostrará como não ter medo, mas pode nos ajudar a descobrir *como* sentir — e como *não* sentir — medo. O caminho não é difícil — na verdade, em alguns aspectos, é muito mais fácil do que ser dominado pelo medo. O que pode ser difícil é confiar que há outra maneira de ser e então praticá-la.

Exploraremos alguns aspectos desse caminho nas páginas seguintes. Mas, antes disso, quero lhe dar as boas-vindas. Imagino que esteja aqui porque conhece bem o medo, seja em você mesmo, seja em uma pessoa querida. Você está procurando algum conforto, alguma conexão, algumas ideias que possam ajudar. Obrigado por ler este livro. Estou feliz por estarmos juntos. Enquanto escrevo, penso em você com ternura e respeito. Estou imaginando a jornada que o trouxe até aqui, o que o mantém acordado ou o incomoda à noite. Imagino que possa ter desistido de se livrar do medo que sente, da vergonha ou da sensação de que é um fardo para os outros. Você não está sozinho e é muito bem-vindo aqui. É meu trabalho lhe mostrar que o que digo é verdade.

O medo é uma resposta natural ao modo como vemos o mundo. Às vezes, é uma reação biológica inevitável. Outras vezes o medo é necessário para nos manter seguros. Ficaria mais preocupado com você se nunca tivesse sentido medo. Nossos medos também são reações à história em que acreditamos. O poder de contar uma história pode ser maior do que a capacidade de lançar mísseis, e hoje vivemos em um mundo de competição hiperativa para contar a história. Velhas certezas — algumas saudáveis, outras não — são seriamente questionadas. Novas plataformas, oportunidades e convites para contar histórias estão surgindo. Nunca antes tivemos tantas histórias públicas e menos guardiões do consenso para nos ajudar a decidir o que é certo, o que é factual, o

INTRODUÇÃO

que é uma questão de opinião ou gosto e o que é pura propaganda ou conspiração. Embora às vezes seja óbvio, nem sempre é fácil discernir se as histórias que ouvimos estão alimentando o bem comum ou apenas o próprio ego, contas bancárias ou poder de quem as conta.

Vivemos numa época em que muitas coisas parecem incertas: a estabilidade do clima; as relações dentro das nações e entre elas; a confiança na saúde pública e a segurança econômica; a possibilidade de superação do racismo; se algum dia nos sentiremos novamente protegidos da violência, do autoritarismo ou de pandemias. Questões que as gerações anteriores pareciam dar por certas agora encontram-se inteiramente questionadas.

Mas mesmo as pessoas que viveram nos "bons e velhos tempos" ansiavam pelos "bons e velhos tempos". Cada geração inventa uma história sobre um passado mais feliz e desejos de um futuro melhor. A menos que adquiramos sabedoria, o presente raramente faz sentido até que acabe. Portanto, embora possamos ver o passado através de lentes cor-de-rosa, não admira que muitos de nós nos sintamos ansiosos. É difícil distinguir entre o ruído e as fontes confiáveis de conforto. Se trauma é o que acontece quando uma ferida profunda não trata com a empatia adequada, não surpreende que muitos de nós neste momento estejamos traumatizados: o chão desabou sob nossos pés, e poucas das estruturas e vozes em que confiamos se mostraram capazes de nos tranquilizar.

Há alguns anos, depois de atingir o ponto de aparente impotência diante do medo obsessivo — sobre violência, homofobia, meu lugar no mundo e minha fantasia sobre o julgamento de Deus acerca de mim —, respondi a um questionário clínico para avaliar meus sintomas de transtorno do estresse pós-traumático (TEPT). A avaliação terminou com a afirmação de que responder "sim" a mais de duas perguntas pode indicar a presença de TEPT. De quarenta perguntas, respondi "sim" a trinta e oito.

Além de ter sido uma das poucas vezes em que tirei uma nota melhor do que um B em um teste, me senti aliviado. Afinal, eu não estava louco.

INTRODUÇÃO

Tendo convivido com os sintomas de TEPT por décadas, fui, então, devidamente diagnosticado. Descobri que a atenção de um bom terapeuta, treinado para cuidar dessas feridas, pode transformar radicalmente a experiência de mundo de uma pessoa.

Dave, o terapeuta, disse-me que não gosta da palavra "transtorno". Ele prefere chamar de *situação* pós-traumática, porque não é nenhum *transtorno* reagir com medo a circunstâncias anormais. Essas reações são totalmente comuns; a *situação* que é o transtorno. Veremos mais sobre isso adiante; neste momento, se você está vivenciando algo que parece ser sintoma de uma *situação* pós-traumática ou outra *situação* de ansiedade, ou está apenas se sentindo um pouco nervoso para continuar, eu o convido a parar a leitura e ir para a seção "Um convite para respirar", no final do capítulo 1. Volte para cá quando se sentir pronto. Não há pressa. (Você pode, é claro, pular para essa seção a qualquer momento enquanto lê o livro.)

Como não ter medo não substitui a terapia ou medicação cuidadosamente prescrita, mas espero que esta leitura e uma boa terapia o ajudem. Escrever este livro certamente me ajudou. Também é importante notar que a origem da palavra "terapia" — *therapeia theôn* — carrega a ideia de "cuidar dos deuses". Parte da terapia de que todos podemos precisar, e todos somos instados a oferecer, trata-se de cuidar de nossas vozes internas e ajudá-las a encontrar seu próprio lugar no drama e na comédia da vida. As histórias que contamos são, em certo sentido, deuses. A maneira como as recebemos, as trabalhamos ou as desafiamos ajudará a determinar seu poder sobre nós. Talvez sejam os deuses que precisam de mais ajuda do que nós no momento presente.

Talvez suas vozes internas — as histórias aterrorizantes que o paralisam e ameaçam derrubá-lo — sejam deuses pedindo sua ajuda, ou talvez apenas sua atenção. Assim como pode ser difícil notar a diferença entre depressão e discernimento, uma das primeiras tarefas que enfrentamos com

INTRODUÇÃO

o medo é decidir que verdade ele está tentando nos mostrar sobre nosso eu cósmico e nosso micromundo. Então podemos decidir o que fazer.

Com isso em mente, este livro não vai lhe ensinar a não sentir medo, mas pode ajudá-lo a encontrar maneiras melhores de trabalhar com ele. Talvez seu título pudesse ser *A melhor forma de ter medo*. O objetivo aqui é ajudá-lo a se sentir menos sozinho e mostrar alguns passos que você pode tomar para transformar seus medos em histórias melhores sobre quem realmente é. Posso apostar que seu eu verdadeiro é muito mais valioso do que você pensa.

O MEDO É um dos sentimentos invisíveis aos olhos mais poderosos que existem — universalmente reconhecido e com implicações em tudo na vida: relacionamentos, saúde, política e até mesmo sobre o que podemos esperar como espécie. No entanto, existe algo mais poderoso do que o medo que também está ao alcance de todos nós, o tempo todo. Esse "algo" é a história que *contamos*.

Como não ter medo baseia-se na ideia de que as crenças populares sobre o medo estão equivocadas e podemos transformá-lo por meio da narrativa. O amor — a disposição de doar-se pelo bem comum — é a base em que essas histórias nascem, tornando-se o antídoto para o medo. Uma pequena ideia ruim não pode ser esquecida. No entanto, pode ser substituída por uma história maior e melhor.

Portanto, aqui está uma história melhor e mais ampla que você pode querer experimentar. Lutar, fugir e paralisar são reações naturais ao medo e, às vezes, podem ser as melhores opções que podemos vislumbrar. No entanto, são manifestações de energia de oposição, não criativa — assim como sabemos que a guerra não é uma solução para os problemas do mundo, "lutar" contra o medo também não funciona. O que funciona é aprender o caminho para uma história melhor, vivida em co-

INTRODUÇÃO

munidade, fundamentada nos mais velhos e com um propósito além do ganho pessoal. Sem a empatia criativa que surge dessa forma, podemos nos culpar por mais erros do que poderíamos ter cometido. Podemos temer mais armadilhas do que jamais poderíamos realmente enfrentar. Podemos nos sentir responsáveis por ter de consertar tudo, e então nos sentir oprimidos será muito comum. Encontrar nosso lugar em uma história melhor pode nos ajudar a abandonar a tendência de tentar controlar o que nunca deveria ser nosso fardo. Mais do que isso, embora as histórias incorporadas em nosso medo sejam, muitas vezes, distorções da realidade, aprender a não ter medo significa buscar ternamente a sabedoria por trás da causa de nossos momentos mais aterrorizantes.

Em vez de apagar nossos medos tentando afastá-los ou contorná--los, talvez possamos transcendê-los e incluí-los, mesmo no âmago de nosso ser. Isso significa deixar de fingir que não há problemas no mundo ou que "não é problema meu". Na verdade, o momento atual* tem despertado a ansiedade de maneiras profundas, e cada um de nós tem a responsabilidade — e um dom — de ajudar.

Algumas coisas são realmente dignas de um medo saudável, mas geralmente não é o que mais nos distrai. Devíamos ter medo dos mosquitos mais do que das pessoas, dos carros mais do que da guerra. Acima de tudo, seria mais sábio temer mais a vida não vivida do que um monstro debaixo da cama. Mesmo assim, não importa do que tenhamos medo, somos convidados a não negar nossos medos, mas a contar uma história maior sobre eles.

Muitos de nós nos sentimos oprimidos pela ansiedade, exaustos

---

* Quando falamos do momento atual, podemos nos referir ao momento em que você está lendo este livro, aos últimos anos, às décadas desde a virada do milênio, ao período desde a Segunda Guerra Mundial ou à Revolução Industrial, ou ainda mais para atrás, próximo das antigas fundações culturais. Cada momento tem suas próprias ansiedades, seus próprios traumas, seus próprios perigos reais e ameaças imaginárias — seus próprios dons de cura e transformação também.

INTRODUÇÃO

pelo ativismo e, às vezes, até com medo do futuro. No entanto, esses sentimentos de ansiedade, exaustão e pavor derivam seu poder de uma história. Estamos aqui para descobrir como a história molda nossa vida, para ver como os medos dependem do que contamos sobre eles e imaginar uma nova história. A história em que acreditamos sobre o medo foi provavelmente construída por outra pessoa, que pode ou não ter conhecimento do que era melhor para nós; essa é apenas uma das razões pelas quais não temos mais necessariamente que acreditar nela, embora provavelmente precisemos de ajuda para descobrir e construir uma nova.

Não nos serve de nada falar sobre *lutar* contra o medo ou tentar *derrotá-lo*, porque a força adversária sempre é um bumerangue. Em vez disso, devemos nos comprometer a *criar* um abrigo para histórias maiores e mais verdadeiras. Histórias melhores sobre o medo podem transformar esse fardo em combustível para uma vida mais bela, para um mundo mais pacífico, ajudando-nos a encontrar a calma em meio à tempestade. Quando o abrigo é forte, melhores histórias podem até mesmo nos guiar e nos capacitar para ajudar a acalmar a própria tempestade. Este livro é sobre como construir esse abrigo.

parte 1

capítulo 1

de que você tem medo?

> Coragem é... domínio do medo, não ausência de medo.
>
> —Mark Twain

MUITAS GERAÇÕES SOFRERAM violência no norte da Irlanda, e, como muitas, nossa família foi diretamente afetada. Alguns de meus entes queridos perderam amigos, testemunharam vários atentados ou viveram com um constante nervosismo em relação ao que poderia acontecer ao dobrar a próxima esquina. A maioria dos habitantes do norte da Irlanda, da minha geração ou mais velhos, experimentou os efeitos sufocantes da hostilidade sectária, e multidões conhecem a dor que isso causou. A maneira como falamos sobre a violência — a cada semana uma ladainha de assassinatos — me deixou acostumado com a ideia de que matar era apenas o modo como as coisas deveriam acontecer. Essa foi, segundo nos disseram, a história de nossa vida. Meus pais me protegeram do domínio dessa narrativa o melhor que puderam, mas eu nasci nela e não pude me esconder.

Essa, é claro, não era toda a história. Também havia beleza e amizade ao nosso redor o tempo todo; os atos terríveis que ocorreram no conflito eram frequentemente seguidos por ações extraordinárias de coragem e humanidade por parte de sobreviventes e da comunidade.

CAPÍTULO 1

A piedade que por fim adveio do processo de paz já proporcionou uma cooperação substancial entre ex-inimigos jurados.

Mas a maneira como aprendemos a contar e repetir a história — com líderes políticos e culturais, religião e mídia — enfatizava a crueldade humana por um lado e a fragilidade humana por outro. Nas histórias que contamos em mais alto som, havia pouco espaço para a engenhosidade humana, para a centelha da cooperação, para o lamento psicológico e espiritual, para a criatividade corajosa em direção ao bem comum. A sombra do medo e da morte, dos sentimentos e das crenças que reprimimos tornou-se a projeção total de nossa vida. A luz se esforçou para se manter acesa. Estávamos lutando para aprender a curar nossas feridas ou mostrar misericórdia para com aqueles que as causaram. Muitos de nós não sabíamos como falar sobre a nossa responsabilidade em criar uma sociedade em que a vida de algumas pessoas valesse mais do que a de outras. Fazia sentido, na vida cotidiana, o provérbio "dois erros não fazem um acerto", mas parecíamos incapazes de estender essa máxima a um conflito étnico secular. A esperança foi representada por incontáveis indivíduos corajosos que se colocaram entre a violência e a vulnerabilidade. Ainda assim, em público, a esperança muitas vezes era apenas uma qualidade sentimental ofertada no Natal e na igreja, raramente atingindo o cerne do que deveríamos de fato fazer para incorporá-la.

Tendo vivido toda a infância em uma sociedade marcada por violentos conflitos civis e participado, em uma pequena escala, de um processo de paz que provou o valor de falar com os inimigos em vez de matá-los, ainda estou me transformando, na meia-idade, ao aprender a contar a história de forma diferente. Tem sido uma longa e contínua jornada para aprender a respeitar o sofrimento real e a superar o medo de que as coisas estejam sempre piorando. E isso também é assim para muitos de nós, independentemente de onde viemos. Nossos *feeds* de notícias são dominados por imagens horríveis e uma retórica agressiva. Apesar da

DE QUE VOCÊ TEM MEDO?

prevalência de vídeos engraçados e memes saudáveis — para não falar de histórias de esperança e transformação —, muitos de nós sentimos que vivemos com mais medo do que costumávamos achar. Mais do que podemos suportar.

Mas as coisas podem não ser tão ruins quanto parecem. O ser humano comum está vivendo provavelmente na época mais pacífica que já conhecemos, pelo menos desde o surgimento da humanidade. Mas essa não é a história que contamos a nós mesmos. Se você leu as "últimas notícias" de hoje, talvez especialmente se o fez meio adormecido na cama ou distraidamente durante o almoço, pode ter tido dificuldade em discernir o *significado* do horror na Somália ou em San Diego, o acidente com celebridades em Beverly Hills ou a reportagem sobre as mudanças climáticas em todos os lugares. À medida que as histórias ganham velocidade eletrônica, são tratadas com a mesma urgência, e o senso de proporção desaparece. A mesma faixa vermelha anunciando "Notícias de última hora" corre pela tela, não importa se é realmente uma notícia de última hora ou até mesmo uma notícia real.

As implicações espirituais da cultura *on-line* estão apenas começando a ser reconhecidas e apresentam benefícios e desafios. O súbito surgimento de um acesso quase universal a fontes de conhecimento em crescimento exponencial é algo magnífico. Tenho ao meu lado um item feito de vidro e metal que cabe na palma da minha mão e me conecta instantaneamente com um repositório de quase tudo o que os seres humanos sabem que possa ser escrito ou ilustrado. Pode me ensinar, me curar, me dar acesso a novos relacionamentos e solidificar os antigos. Pode até acender a pira da justiça. É uma caixa mágica.

No entanto, o surgimento de uma esfera pública virtual que nos leva a acreditar que todos devemos ter uma opinião sobre tudo e publicá-la antes de termos a chance de realmente pensar nela não é tão magnífico. Esse item, que tem o tamanho de um jogo de baralho, contém pequenas

CAPÍTULO 1

imagens que posso acessar e assim ser instantaneamente transportado para um mundo de conteúdo infinito, muito do qual é antitético ao bem comum. Isso pode desperdiçar meu tempo, despertar minha raiva, me levar a fofocar, me encorajar a pisar na vulnerabilidade das pessoas e me fazer pensar que tudo é problema meu. Pode me bombardear com um estímulo de ansiedade suficiente para me manter com medo, em algum lugar interiormente, o tempo todo. Esse aparelho dá — ou mesmo obriga — acesso imediato, sem filtro, a uma verdadeira indústria do medo e, nesse caminho, rompe nossas relações com nós mesmos, com nossos vizinhos e com a própria terra.

Coisas terríveis sempre aconteceram, ainda acontecem hoje e acontecerão amanhã. Essas histórias costumam ser contadas por vozes ou em ambientes que podem parecer confiáveis, mas não oferecem um contexto que as explique com precisão e sabedoria como transformar o conflito. Existem, é claro, muitos jornalistas corretos, e a internet diversificou amplamente as vozes com acesso para serem publicadas. Está mais fácil do que nunca ir além das manchetes e descobrir uma história mais complexa em que esperança sem limites e lamento proporcional coexistem. Essa história complexa também é mais verdadeira, e há uma chance de nós, humanos, evoluirmos para abraçá-la amplamente.

Mas, por enquanto pelo menos, temos que escolher conscientemente procurá-la. Muitas das vozes mais ouvidas ainda dividem o mundo entre "nós" e "eles", ainda sugerem que a segurança virá de "nós" lutarmos contra "eles" e ainda apresentam a realidade como se fosse uma série de armadilhas. Portanto, não é de admirar que muitos de nós sintamos que vivemos em meio a uma epidemia de violência em expansão. Em parte, isso ocorre porque a maneira como contamos histórias reflete o modo como a parte reativa de nosso cérebro as experimenta: acionada pelo espetáculo e incapaz de absorver facilmente a mudança gradual em direção à paz ou à ausência de violência.

DE QUE VOCÊ TEM MEDO?

Também é, em parte, resultado do aumento da empatia, à medida que o círculo daqueles que definimos como o *Nós* dominante está se expandindo. As culturas das quais alguns de nós descendemos costumavam mandar crianças limpar chaminés ou poços e executar pessoas em público, às vezes como forma de entretenimento. Mulheres e pessoas não brancas não podiam votar, e algumas pessoas responderam pelo crime de estar apaixonadas. Hoje, a incidência de trabalho infantil é bem menor, a pena de morte tem sido menos usada em todo o mundo, os direitos civis têm tido mais lugar na lei e na cultura, e a vida das pessoas LGBTQIA+ ganhou mais visibilidade e respeito. Enquanto ainda nos erguemos, surgem cada vez mais histórias de vida consideradas dignas de respeito, de um lugar à mesa.

Então, quando a dor é visível no rosto das pessoas ao redor do mundo ou do outro lado da cidade — pessoas que no passado eram mantidas a distância ou desumanizadas por outras no poder em sociedades verticais —, hoje aqueles de nós que costumam ter privilégios podem ser mais propensos a sentir um pouco dessa dor interna. Apesar dessas histórias de terror e dor, parece que os seres humanos têm vivenciado menos violência ao longo do tempo, e as possibilidades de paz têm se tornado ainda melhores.

Isso não significa negar a existência de violência, preconceito e desigualdade, nem minimizar os problemas reais em nosso mundo. Mesmo que não houvesse evidências de que a violência está diminuindo, ainda há motivos para esperança. É verdade que cada morte, cada ato de ódio, cada separação involuntária é um universo para os entes queridos da vítima. A solidariedade com o sofrimento alheio é tanto parte do privilégio de ser humano quanto um passo em direção a um futuro em que ninguém mais sofrerá dessa forma. Essa solidariedade parece estar crescendo. É importante não negar estas verdades: de que, sob muitos aspectos, o mundo está ficando melhor e de que a expansão dos círculos de empatia significa que

CAPÍTULO 1

a vida de mais pessoas é considerada digna. Também é importante reconhecer que, apesar da redução da violência e da pobreza e dos avanços na saúde e na comunicação, muitos de nós não nos sentimos bem na maior parte do tempo. Embora possamos não estar vivendo uma epidemia de violência crescente, parece que enfrentamos uma epidemia de *medo*.

O mais traiçoeiro dos poderes do medo é a habilidade de levar as pessoas a agir violentamente consigo mesmas e com os outros. A maioria de nós nunca prejudicou fisicamente outra pessoa, mas podemos lhe ter negado a plenitude, a compaixão, ou impedido nosso próprio florescimento porque não fomos apresentados a uma alternativa da história do medo. Se deseja criar o caos, ensine as pessoas a ter medo. Se quer aumentar a violência, ceda a seu medo. Agora, se quiser reduzir a violência, pode adotar práticas que não apenas o deixem menos amedrontado, mas, na verdade, ajudem a todos a fazer o mesmo.

Essas práticas o ajudarão a viver uma história mais verdadeira e mais esperançosa. É para isso que estamos aqui: descobrir como as histórias moldam nossa vida, dar uma olhada em como os medos dependem da história que contamos sobre eles e aprender a imaginar uma nova história. Essa nova história pode ajudar a reorientar sua mente, seus hábitos, seus relacionamentos e seu senso de identidade. O medo, então, torna-se não um destino para a placa que diz "Abandone a esperança", mas um convite para uma vida cheia de emoção, significado e amor.

ATENDER AO MEDO e ao pessimismo é função da crença mais perigosa: a de que a violência pode trazer ordem ao caos. Curar o mundo requer reconhecer o dano que essa história causou. Embora lamentemos feridas reais e trabalhemos para evitá-las, reconhecemos que foi a história que contamos que nos colocou em apuros em primeiro lugar. Se algumas coisas estão melhorando, podemos descobrir o porquê e torná-las ainda

DE QUE VOCÊ TEM MEDO?

melhores. Isso é verdade tanto para as artes da televisão e do cinema, da literatura, jogos e música quanto para suas contrapartes da não ficção.

As notícias reais sobre o mundo não começam com a faixa vermelha piscando na parte inferior da tela. Começam antes mesmo de qualquer mídia ou forma de arte; *começam na sua mente*, com a história que está contando sobre você mesmo. Interagem com as histórias contadas por seus entes queridos e vizinhos para criar uma história maior. Conectam-se a qualquer lugar a que você vá — a pé, numa cadeira ou *on-line*.

Essa história é muito mais importante do que as notícias. É o elemento mais importante para determinar nossa felicidade e o tipo de vida que levaremos. É imensamente poderosa, embora a maioria de nós não tenha consciência disso, na maior parte do tempo. A história que contamos a nós mesmos influencia nossas percepções de ameaça física e tanto a hostilidade quanto a bênção que direcionamos a nós mesmos. E, mesmo que o mundo se torne mais perigoso, a história que conta a si mesmo determinará o papel que você desempenha: de curar corajosamente as feridas (suas e de outras pessoas) ou simplesmente de ser vítima das histórias fragilizadas dos outros.

Todos lutamos contra alguma forma de medo, mas poucos de nós parecem experimentar a luta como uma dádiva. A emoção a que chamamos de medo é apenas energia passando por nós. Ele pode, como um circuito elétrico, se fortalecer, mas, se não estiver contido em um sistema que direcionará seu fluxo com segurança, pode matar. Alguns medos são saudáveis e verdadeiros, outros são doentios e falsos. Quando sentimos medo, pode ser útil refletir sobre o medo por trás dele. De que eu *realmente* tenho medo? Estou mesmo com medo de perder minha reputação, ou do câncer, ou da violência, ou do fim da civilização como a conhecemos? Em geral, o medo *camuflado* importa mais do que o medo que está na superfície. Com frequência, o que de fato tememos é não sermos capazes de enfrentar essas questões se alguma delas acontecer.

CAPÍTULO 1

Mas pessoas *superaram-se* — até prosperaram — depois de perder a reputação, de sofrer uma doença terminal, uma violência e mesmo quando o mundo ao redor pareceu-lhes ter desabado. As pessoas que viveram bem durante esses desastres aparentes são aquelas que possuem a própria história, em vez de ser governadas pela história dos outros.

Neste livro, exploraremos sete medos comuns e examinaremos sete maneiras de viver melhor enquanto você os enfrenta. O poder que nossos medos têm sobre nós depende das histórias que contamos sobre eles. Embora nossas histórias sejam extremamente diferentes, existem alguns medos que todos podemos ter. Estes são os sete medos que exploraremos juntos:

1. Medo de ficar sozinho.
2. Medo de ter feito algo que não pode ser reparado.
3. Medo de uma vida sem sentido.
4. Medo de não ter o suficiente.
5. Medo de ser fragilizado para sempre.
6. Medo do mundo.
7. Medo da morte.

A primeira parte deste livro examina o que é o medo, por que sentimos medo e a ideia central de construir um abrigo sob o qual uma história melhor possa crescer. A parte 2 é dedicada aos sete medos, compartilhando histórias de como eles se manifestam e oferecendo uma maneira de *enfrentá-los*. Todos esses medos se sobrepõem em algum ponto, então nossa análise também fará isso. Você pode aprender algo sobre o medo de não ter o suficiente enquanto lê sobre o medo de ficar sozinho, por exemplo.

No final de cada capítulo da parte 1, faço um convite: uma chance de fazer algo que abra sua mente e seu coração para a ideia do medo como uma história distorcida e lance as bases para uma história melhor.

DE QUE VOCÊ TEM MEDO?

Cada um dos sete capítulos da parte 2 termina com uma prática para ajudá-lo a adotar uma maneira de viver melhor e transformar seu medo. Essas são as sete maneiras de viver melhor prometidas no subtítulo do livro. Todos os convites e práticas podem e devem ser usados a qualquer hora que sentir necessidade. Mas, à medida que eles tratam de diferentes partes de nossa vida, se você mergulhar neles um de cada vez, uma transformação significativa poderá estar à sua espera.

Os convites e as práticas têm como base uma tradição que ficou conhecida como *tradição contemplativa*, por meio da qual algumas pessoas hoje consideradas santas enfrentaram grandes dificuldades — perda pessoal, pragas, guerra —, descobriram e desenvolveram práticas para ajudar a si mesmas a não fugir do mundo, mas enfrentá-lo. Práticas contemplativas como a meditação não têm como objetivo apenas nos ajudar a nos sentir melhor; elas são capazes de criar seres humanos cientes da razão por que estão aqui — para amar e ser amados — e que então o fazem, não importa quão assustadoras as coisas pareçam ser.

Se você se reconhecer em qualquer um desses sete medos, poderá receber seu primeiro conforto: *nenhum de nós está sozinho em nosso medo.* O que quer que o tenha aterrorizado pode também ter me aterrorizado. É quase certo que já amedrontou alguém que você conhece e ama. Mas o poder desse temor depende da história que contamos sobre ele. Vamos reimaginar essa história.

Um convite para respirar

APRESENTO AGORA o primeiro convite. Cada um dos convites neste livro é sobre substituir um ritual inútil por outro que dê vida. Praticá-los regularmente, mesmo quando você não sentir necessidade de fazê-lo, permitirá construir uma "memória muscular" espiritual, tornando mais

CAPÍTULO 1

fácil viver a partir de um novo eu que vamos descobrir: mais brilhante, bonito, resiliente, perigoso e criativo.

Ter mais controle sobre o ritmo de nossa respiração pode ser o passo mais eficaz em busca de transformar o medo. Além disso, nos ajudará no caminho para encontrar uma história melhor com um centro melhor, e o ego pode até se acalmar um pouco também. A neurociência nos diz que a forma como respiramos afeta o modo como pensamos, e pesquisas e práticas mais recentes sobre o que é chamado de *psicoterapia sensório-motora* vão mais longe: o modo como você anda afeta o modo como você se sente. Considere desacelerar um pouco o ritmo com que você se move e observe como seus pensamentos começam a mudar. Devagar. Isso vai acelerar sua habilidade de curar.

Eu estou fazendo isso agora. Gostaria de se juntar a mim? Primeiro, encontre um lugar tranquilo para se sentar, onde haja poucas distrações, e respire. Permita que sua respiração desacelere em um ritmo longo, mas não forçado. Inspire e expire profundamente, de forma suntuosa, observando e até mesmo apreciando seu peito subir e descer. Não prenda a respiração; apenas deixe-a mais longa.

Com os olhos abertos, lembre-se de algo que desperte um sorriso, gratidão ou amor. Pode ser o rosto de uma pessoa querida, uma citação do seu escritor favorito, um lugar que você adora visitar ou mesmo parte de um filme ou um livro favorito. Respire devagar — sem forçar, apenas suavemente. Respire.

Deixe essa imagem ou esse pensamento se tornar maior e mais nítido enquanto você respira. (Quando faço esse exercício, gosto de pensar numa imagem projetada em uma enorme tela de cinema ao ar livre, em frente a uma montanha. Parece bastante espetacular dessa maneira.) Conforme a imagem ou o pensamento fica mais claro, continue respirando.

Faça isso por um minuto ou mais. Não preste atenção às distrações e não se culpe por estar distraído. Apenas continue respirando.

DE QUE VOCÊ TEM MEDO?

Quando a imagem estiver realmente nítida, inspire profundamente.

E então expire e, enquanto faz isso, com sua mente, envie a imagem para cada célula de seu corpo.

Então, faça de novo. Inspire. Sinta-se inalando o sorriso, a gratidão ou o amor. Prenda a respiração por um ou dois segundos.

Então expire, enviando a imagem para cada célula do seu corpo.

Você pode fazer uma pausa, se quiser, mas também pode ir mais longe. Inspire, mas desta vez, quando expirar, envie a imagem para pessoas que você conhece que podem precisar dela: pessoas de sua comunidade, sua cidade, sua nação, do mundo.

Você pode responder a esse convite a qualquer hora. Não o faça enquanto estiver dirigindo ou operando máquinas pesadas (exceto quando as máquinas pesadas estiverem em sua mente). Se tiver sintomas de TEPT ou ansiedade ao tentar fazer isso, saiba que não está sozinho. Peça ajuda. O tratamento com uma pessoa que entenda a extensão do suporte terapêutico pode fazer uma enorme diferença.

Este exercício pode ser feito em um minuto ou mais, ou você pode passar horas nele. Com um pouco de prática, poderá fazer isso em qualquer lugar, o tempo todo, a cada respiração.

capítulo 2

medo é
uma história

O medo é um professor
incompetente.

—Jean-Luc Picard

MINHA INFÂNCIA FOI ofuscada pela ameaça de violência e divisão sectária, desafiando minha capacidade de me sentir seguro ou de encontrar um lugar a que pertencesse. O paradoxo de ser humano — feito para o amor e o serviço, mas ensinado a dominar e competir — torna-se muito mais óbvio em uma sociedade dividida.

Poderíamos discutir o dia todo sobre quem iniciou o conflito no norte da Irlanda e sobre a região, quem sofreu mais e quem tem mais responsabilidade sobre o conflito, mas não é o nosso propósito aqui. Nesse contexto, o que mais importa para mim é que alguns de nós experimentamos sofrimento como resultado das escolhas feitas em qualquer dos lados, e, embora muitas vezes seja conveniente identificar-se com uma parte ou outra em um conflito político, todos nós temos múltiplas visões. Isso é verdade onde quer que vivamos, quaisquer que sejam os conflitos políticos. E, mesmo que não haja dois lugares iguais, talvez explorar as especificidades do norte da Irlanda — ou pelo menos a história que vim contar sobre ela — possa iluminar quaisquer conflitos e medos que possam surgir onde você mora.

MEDO É UMA HISTÓRIA

Minha família biológica é tanto do norte quando do sul da Irlanda, ingleses e escoceses, protestantes e católicos. Minha bisavó materna era uma judia-russa que fugiu da violência antissemita em sua terra natal. Para eu estar aqui, entre guerras mundiais, *pogroms* e conflitos civis, pelo menos cinco pessoas escaparam de ser mortas. Minha linhagem é protestante, é católica, é judia e é daqueles cujos amores eu não conheço. E, no entanto, me disseram que existem apenas dois tipos de pessoa em minha sociedade: unionistas ou nacionalistas, protestantes ou católicos, e também algumas terminologias menos educadas. Isso complica as coisas. O ser humano é um ser paradoxo. E assim é a busca pela paz. Como posso me reconciliar com o "outro lado" se não sei de que lado estou? Como é o outro lado? De que lado estou, afinal? É possível que aquilo que amamos e desejamos proteger — em outras palavras, o que está por trás de nosso medo — seja apenas uma história? E se for apenas uma história, ela pode ser reescrita?

DURANTE MEU CRESCIMENTO, não sabíamos em quem confiar. O conflito — e as histórias que contamos sobre ele — dominou nossa vida. Ações simples e cotidianas, como abrir portas, ligar o carro, ir ao cinema, pegar um táxi ou conversar com um estranho, tornaram-se muito suspeitas. Haveria alguém escondido atrás da porta? O cinema seria evacuado por causa de uma bomba em um carro do lado de fora? O estranho seria um daqueles amigos adoráveis que você ainda não conheceu, ou ele falaria a outros estranhos coisas sobre você que poderiam levá-lo à morte? O seu ente querido estava morto ou apenas preso no trânsito?

Não importava em que lado da comunidade vivêssemos, muitos de nós sabíamos que milhares de nossos vizinhos que compartilhavam a mesma terra poderiam parecer satisfeitos em nos ver sofrer. A situação ficava tensa com frequência, com discussões incitadas por alguma nova

CAPÍTULO 2

atrocidade, um membro da família que havia perdido um ente querido ou um amigo que havia encontrado uma bomba falsa em um depósito enquanto centenas de pessoas faziam compras a alguns metros de distância. Essas histórias de terror pessoal foram bem escondidas quando eu era criança, porque meus pais queriam me proteger do trauma de viver em um pesadelo político. Só mais tarde percebi que não me encaixava em lugar nenhum por causa de minha formação mista. Eu sabia que não pertencia a uma sociedade que normalizava o anormal, onde situações que nenhuma criança nunca deveria testemunhar se tornaram nada mais do que a política recorrente, onde sua opinião sobre uma fronteira terrestre invisível poderia matá-lo. Não sendo protestante o suficiente para ser visto como totalmente britânico, nem católico o suficiente para ser visto como totalmente irlandês, fiquei descontente e confuso com minha nacionalidade.

Esta era a história que contamos: que você devia apoiar a permanência do norte da Irlanda no Reino Unido ou a reunificação política da Irlanda. Que quem quer que fosse o "outro lado" havia causado o conflito, e "nosso" lado estava apenas se defendendo. Que morávamos em um lugar legal que também parecia um inferno e ninguém sabia como consertar. Que "nós" estávamos certos e "eles", errados. Que, se pudéssemos derrotar nossos inimigos, poderíamos desfrutar da espetacular beleza natural de nossa paisagem, da imaginação primorosa de nossos poetas e artistas, da calorosa hospitalidade pela qual éramos famosos no turismo. O problema, para mim, era que não tinha certeza de quem era o meu "nós".

Mas, em meio ao horror da violência usada em nome de todos os lados de nossa comunidade dividida (embora com muito pouco consentimento), havia outra história em andamento. Uma imensa força silenciosa estava se manifestando entre as pessoas dispostas a renunciar à ideologia separatista em favor do bem comum. Muitas delas estavam dispostas a abandonar as velhas certezas sobre vencer e criar comunidades de

MEDO É UMA HISTÓRIA

ambiguidades vivificantes no lugar da gratificação superficial de estar "certas". As pessoas permitiam que sua imaginação fosse levada pelo coração, pela mente e pela experimentação, e não pelo dogma. As pessoas se recusaram a usar a violência para conseguir o que queriam e passaram a cuidar de sofredores e enlutados. As pessoas começaram a conversar com seus oponentes políticos, incluindo aqueles que poderiam prejudicá-las, e a se mudar para bairros aos quais não "pertenciam", a fim de mostrar que *todos* pertencem a todos os lugares. As pessoas estavam deixando de lado a vingança em favor da cooperação.

Até meus 19 anos, o conflito civil ativo prosseguiu no norte da Irlanda. Com muito trabalho, coragem e tolerância, desde então ainda estamos aprendendo a falar uns com os outros, embora às vezes ainda enfrentemos a violência que algumas pessoas acreditam que ajudará na causa delas. Muitos de nós relembramos a história do violento conflito com uma mistura de tristeza, arrependimento e vergonha. Talvez ainda queiramos estar certos, mas estamos compreendendo que é melhor ser criativos.

Minha dor é menor do que a dor de muitos e maior do que a de alguns, mas há pouco consolo para o sofrimento competitivo. O que une muitos sobreviventes da violência, não importa quais sejam as feridas, é o desejo de impedir que aconteça com outras pessoas aquilo que nos ocorreu. O que une ainda mais alguns de nós é a noção de que traçar um caminho através do sofrimento deve ser concomitante a doar-se à experiência consciente da beleza. Mesmo enquanto testemunhamos as feridas da violência e trabalhamos para repará-las e preveni-las, seremos bem atendidos ao notar os arco-íris ao longe, o perfume da grama recém-cortada, as borboletas à beira da estrada.*

---

* Para um exemplo histórico específico e comovente de um irlandês notando borboletas à beira da estrada em meio a circunstâncias dolorosas e muitos outros exemplos de beleza coexistindo com a luta, consulte o livro apaixonado de Rebecca Solnit, *Hope in the Dark* (Esperança na escuridão, em tradução livre).

CAPÍTULO 2

No entanto, apreciar as borboletas não nos torna ingênuos. Sabemos por experiência própria que transformar nosso medo e nossa raiva na figura de outros não é uma receita para o bem-estar de ninguém. Alguns de nós reconhecemos que a disposição de morrer para proteger os vulneráveis deve ser mais valorizada do que a disposição de matar. Estamos começando a acreditar que a paz é o caminho para ela mesma e que cada história que contamos pode ajudar a nos curar ou nos matar. Todos nós somos chamados a ser guerreiros-protetores pacíficos para o bem comum.

Já foi dito que o antídoto para o medo não é o otimismo, mas a ação enraizada na esperança. Essa esperança vem de cada um de nós dando os passos que podemos, reunindo-nos em comunidade, trazendo nossos dons e pedindo o que precisamos. Se nossas histórias nos dizem que estamos condenados, ou se nossas histórias culpam apenas os outros por nossa situação, ou se nossas histórias separam as pessoas em "nós" e "eles", não deveria surpreender que nos falte esperança. Mas, se cortarmos a casca de uma história corroída e permitirmos que alguma luz entre, algo realmente maravilhoso acontece: nossa experiência muda.

Eu moro nos Estados Unidos agora, o que me dá a oportunidade de comparar as lutas de minha juventude e o processo de paz de minha vida adulta com o clima político em outro lugar bonito e fragilizado. Uma recente entrevista política revelou sem querer uma verdade, quando uma figura nacional conhecida por despertar a discórdia pública respondeu à afirmação, baseada em evidências, de um jornalista de que a violência, na verdade, vinha reduzindo havia décadas. "Teoricamente [você] pode estar certo", disse o político, "mas os seres humanos não estão nesse ponto. Como candidato político, atuarei de acordo com a forma como as pessoas se sentem e vou deixar você com os teóricos." Mesmo que ele realmente acredite nisso, que pena. Ele pode não saber, mas está reproduzindo um mito bem conhecido, que mantém os seres humanos com medo e controlados. Ele e seus colegas podem ajudar a tirar as pessoas dessa prisão, mas também estão presos nela.

MEDO É UMA HISTÓRIA

TALVEZ ESTA HIPÓTESE possa ajudar: as histórias que contamos moldam a forma como vivenciamos tudo. Quando contamos uma história infame, criamos uma vida desvalorizada. A cultura em que muitos de nós nascemos incorpora histórias que desprestigiam e histórias que elevam. Elas dançam uma com a outra, mas muitas vezes parece que um dos lados está com a música mais alta.

Aqui estão algumas das histórias dominantes e depreciadas que nossa cultura em geral nos conta, aparentemente sem questionar se são verdadeiras.

> *Nascemos na escuridão.* Sair dela exigirá luta, mesmo que isso signifique ferir ou matar outras pessoas.
>
> *Ganhar é tudo.* Pegue o máximo que puder, guarde o máximo que puder e doe um pouco para o bem de sua consciência.
>
> *O passado é uma lista de vitórias militares honrosas.* Nesses conflitos, os métodos que "nós" usamos sempre foram justos, mas as ações de nossos oponentes nunca foram.
>
> *Não há nada que a maioria de nós possa fazer para mudar as coisas.* Seu trabalho é consumir coisas que outras pessoas fizeram e não se preocupar muito com a forma como elas fizeram.
>
> *Pessoas engajadas em promover a paz são ingênuas e irrealistas.* Ou, possivelmente, são tão heroicas e incomuns que suas ações não podem ser imitadas. O sentimento de raiva é antiético para a pacificação.
>
> *Religião e política tratam de pureza moral, limites da comunidade e sobre estar certo.* Nossa sociedade está organizada para nos manter a maior parte do tempo desconectados dentro de veículos e "seguros" atrás de paredes.
>
> *Este é um dos momentos mais violentos da história para viver.* As coisas

CAPÍTULO 2

são assim mesmo, mas, apesar do caos no mundo, temos a violência ao nosso lado também, porque ela traz ordem ao caos e pode literalmente redimir as coisas.

Essas histórias são amplamente aceitas, mas não são verdadeiras. Em seu poema "The Skylight", Seamus Heaney ilustra a noção de que às vezes os dons mais valiosos provêm ao permitirmos que outra perspectiva conte uma nova história. Ele começa resistindo ao desejo de sua esposa de construir uma claraboia em sua casa. Ele preferia o telhado do jeito que estava: aconchegante. Uma claraboia destruiria o conforto de um espaço contido. Mas, quando abrem o telhado e instalam a claraboia, Heaney se transforma. A mudança é tão profunda que ele chega a uma analogia milagrosa: ele está banhado pelo "extravagante céu", sentindo-se agora como se tivesse testemunhado a cura da paralisia. A claraboia a que ele se opôs — aquilo que ele acreditava que só poderia apequenar sua vida — acabou por conter a própria *semente* da vida. Isso o abriu para uma nova história, e tudo mudou.

Algo assim também pode acontecer conosco. Esses milagres estão à espera de qualquer um que esteja disposto a ultrapassar os limites da história que conta a si mesmo. Histórias melhores podem permitir que a luz entre.

Contamos histórias de separação, egoísmo e culpabilização tão bem que muitas vezes são uma reação-padrão inquestionável às nossas circunstâncias. Quantos filmes você já viu em que o herói "resolve" a questão simplesmente atirando/explodindo/destruindo o vilão? Então, novamente, quantos filmes você viu que oferecem soluções criativas e menos letais, ou contam histórias de transformação não violenta, ou contam, antes de qualquer coisa, de forma significativa por que os vilões se tornam vilões? Enquanto isso, quantos movimentos políticos nacionais incorporam uma cooperação genuína entre as linhas de diferença?

MEDO É UMA HISTÓRIA

Pode haver uma relação entre a quantidade de energia que despendemos com as histórias — cuja força destrutiva aniquila, neutraliza ou humilha agressivamente seus oponentes antes de ir embora, literalmente, varrendo o mundo — e a mentalidade do vencedor que ganha todas e faz surgir o conflito social, o autoritarismo político e as muitas guerras? E será que pode haver uma relação entre essa maneira de contar a história do mundo e o medo que tantos de nós sentimos todos os dias?

Histórias de conexão, coragem, criatividade e bem comum são mais verdadeiras, porém são contadas com menos frequência. Dado que o cérebro lembra mais facilmente dos choques do que da sabedoria e percebe os espetáculos com mais facilidade do que a mudança gradual, essas histórias melhores precisam ser contadas com mais frequência e com mais imaginação. Isso nem sempre significa que precisam ser mais longas. *Amar o próximo como a si mesmo* é uma história muito curta, mas pode ser o segredo de como toda a vida pode experimentar a própria abundância.

No entanto, como as histórias mais sábias são frequentemente ignoradas, rejeitadas, suprimidas ou (na maioria das vezes) não contadas em primeiro lugar, vamos conscientemente nos comprometer a dar mais gás à nossa mente e conversar sobre histórias como estas:

Na comunidade amada, o medo é superado, as feridas são curadas, o sofrimento recebe cuidado e até mesmo os ex-opressores podem encontrar um lar. Embora muitas das histórias fundamentais contadas na cultura ocidental estejam enraizadas na noção de que nós nos definimos e resolvemos conflitos usando o outro como bode expiatório, elas não trazem mais paz e segurança. Quando tomamos medidas para realizar algo além de nosso ganho pessoal, nos tornamos ativistas; quando nossas ações subvertem de forma não violenta as mentiras contadas em muitas de nossas

CAPÍTULO 2

narrativas básicas, somos ativistas de histórias. Aqui estão algumas histórias de ativistas apenas da Ilha da Tartaruga:* a abolicionista e líder dos direitos das mulheres Sojourner Truth; a jornalista e ativista social Dorothy Day; Martin Luther King Jr.; a ativista sindical Dolores Huerta; o cantor, ator e ativista dos direitos civis Harry Belafonte; o teólogo e ativista pela redução da violência Walter Wink; a ambientalista e economista Winona LaDuke; e até mesmo o criador dos Muppets, Jim Henson, cujo circo anárquico leva a gentileza tão a sério quanto algumas pessoas levam a guerra. Esses e milhões de outros indivíduos e movimentos, famosos ou discretos, iluminam o caminho. Ser feroz pela criatividade, não pela dominação, na cultura, na religião, na educação, na política e na arte, é um trabalho árduo e exige coragem, mas também traz algumas das alegrias mais profundas que um ser humano pode conhecer.

Precisamos saber de onde viemos. Ouvir a voz dos povos originários e contar a nossa verdade são ações vitais. Sem a prática da iniciação à idade adulta madura, o suporte aos fardos uns dos outros e o respeito pelo círculo da vida, nossa vida é profundamente incompleta, e talvez nunca saibamos o que fazer com nosso medo.

A espiritualidade é nossa relação viva com o mistério. Existe um lado criativo e um lado destrutivo na religião, e, na melhor das hipóteses, ela sabe chorar pelas feridas, educar para a vida, celebrar o bem e inspirar mudanças. A religião pode nos ajudar a criar comunidades nas quais descobrimos viver de dentro para fora em vez de esperar por recompensas externas, encorajamos uns

---

* Para alguns povos indígenas, Turtle Island (Ilha da Tartaruga) refere-se à região da América do Norte. Várias histórias orais indígenas contam que uma tartaruga segura o mundo nas costas, por isso o nome da ilha. Assim, para esses povos, o animal é considerado um ícone da vida. (N. do T.)

MEDO É UMA HISTÓRIA

aos outros para uma vida mais completa e podemos servir não a interesses sectários ou partidários, mas a interesses comuns.

Conversar com nossos oponentes é menos letal e mais eficaz para acordos pacíficos do que o uso da força. Isso é verdade tanto para nações em guerra quanto para indivíduos que não concordam entre si. E alguém sempre tem que ser o primeiro.

A violência não redime nada. Na verdade, ela cria mais desestabilização e uma carência de longo prazo. Dois erros não fazem um acerto, e a teoria da guerra justa tem sido usada mais frequentemente como desculpa do que realmente sido praticada.

A maioria de nós está vivendo no mundo mais pacífico que já existiu. Ainda há violência, é claro, e alguns lugares e algumas pessoas estão sofrendo terrivelmente. No entanto, a violência parece ter reduzido de modo geral. Mesmo nos lugares onde isso ainda não aconteceu, e mesmo que haja reveses, sabemos mais do que nunca como reduzi-la, curar as feridas que ela causa e evitá-la.

Nossa miopia cultural nos faz temer os possíveis perigos que se escondem em todos os lugares. Contudo, o círculo de empatia em expansão nos sensibiliza para a dor, a qual, de outra forma, poderíamos ignorar e da qual podemos realmente ter sido cúmplices.

Os índices de violência provavelmente estão ligados a desigualdade social, opressão racial e ausência de laços comunitários. Tanto as revoluções não violentas quanto os processos de paz criaram sociedades mais completas e resolveram muitos conflitos trazendo os inimigos à discussão, atendendo a necessidades legítimas, dividindo o poder e corrigindo as injustiças do passado.

Guerrear em vez de dialogar com nossos inimigos é a pior estratégia para conquistar a paz. Mesmo que a violência com a qual estamos envolvidos esteja limitada ao extermínio de reputações, ela é a extremidade de um *continuum* que termina em garantida destruição mútua.

CAPÍTULO 2

A melhor crítica para o que é ruim é a prática do que é melhor. Banhar as pessoas que odiamos com amor não é apenas uma bela poesia; é uma das coisas que salvarão a humanidade, e "liberais" e "conservadores" não precisam violar a própria consciência para fazê-lo. Os responsáveis pela violência e por outras violações podem ser punidos de forma a restaurar a dignidade dos sobreviventes sem desumanizar os responsáveis nem perpetuar um ciclo de destruição. A segurança pública e os recursos legais podem ser baseados nos princípios da justiça restaurativa e ser bons para todos.

Se é verdade que a melhor maneira de transformar aquilo que age contra o bem comum é viver a mudança que desejamos, existem profundas implicações para toda a vida. Por baixo da violência, da vergonha e da desconexão está o medo do que podemos perder ou de sentir que já perdemos. Mas há algo por trás desse medo.

Amor.

Olhe além do seu medo e descobrirá o que é realmente importante para você. O que você deseja proteger: pessoas, lugares, coisas, esperanças, sonhos. Agressão, vergonha e desconexão — mesmo como tentativas de construir uma vida melhor para mim ou um mundo melhor para todos nós — não funcionam. À medida que expandimos nosso círculo de cuidados para incluir *todas as* pessoas, *todos os* lugares, *toda a* criação, descobrimos que todos os nossos medos são compartilhados e que todos os nossos cuidados vêm do mesmo lugar. Compreenda o seu medo e descobrirá que estamos apenas tentando descobrir como amar. Parte dessa tarefa inclui aprender a manter os limites sem violência, humilhação ou presunção. Mais do que isso, se a melhor crítica para o que é ruim é a prática do que é melhor, não precisamos dedicar tanta atenção ao que está danificado, ao que é feio, àquilo de que temos medo. Somos convidados a fazer algo menos fragilizado e mais bonito.

MEDO É UMA HISTÓRIA

A ARTISTA LAURIE Anderson prestou uma homenagem ao marido, Lou Reed, logo após a morte dele, revelando as regras da vida que compartilhavam e haviam constatado juntos: *Não tenha medo de ninguém. Desenvolva um detector de mentiras realmente bom e aprenda a usá-lo. Seja muito, muito terno.*

Essas regras constituem uma trindade de convites para um lugar em que levamos a vida a sério, mas não nos levamos muito a sério. Elas poderiam nos servir bem, especialmente em um espaço e em um tempo em que as vozes mais altas parecem se identificar mais com separação, desespero, destruição ou derrota do outro. Essas regras podem surgir de uma história com uma sabedoria no final: tememos ser afetados por forças que não podemos controlar, pelo que as pessoas pensam de nós ou pelo que podem fazer conosco. Mas subestimamos muito nossa capacidade de *causar um impacto* para cocriar um mundo melhor.

Existe uma parte de cada um de nós que *não pode* ser impactada pelo medo ou pela dor. Costumamos chamá-la de *alma* ou de *eu verdadeiro*. Às vezes, penso nisso como o *núcleo abaixo do núcleo*. Muitas pessoas que sofreram a violência e o medo mais terríveis também sabem que, embora nosso coração possa sentir a dor do mundo, nosso eu mais profundo está de alguma forma protegido.* Não importa o nome que pareça mais vivificante para você — *alma*, *eu verdadeiro* ou *núcleo abaixo do núcleo* —, essa parte de você e de mim é real. Ela se desenvolve quando é notada e quando praticamos hábitos que evoluíram ao longo de milênios e têm servido àqueles que enfrentam as provações mais terríveis. Há uma razão pela qual grandes textos espirituais nos garantem que não precisamos ter medo daqueles que podem, como dizem, "matar o corpo". Há

---

* Muitas pessoas queridas nos ensinaram isso; entre as mais conhecidas estão Viktor Frankl, em *O homem em busca de um sentido*; Maya Angelou, em *Eu sei por que o pássaro canta na gaiola*; e Alice Walker, em *A cor púrpura*.

CAPÍTULO 2

um núcleo humano que não pode ser tocado por ninguém, exceto pela alma que o contém. Você pode acessá-lo por meio de práticas tão simples como sentar-se em silêncio e respirar calmamente por alguns minutos. Tudo de que precisa é de um corpo e de um lugar para se sentar. Existem dons e mistérios insondáveis esperando você descobri-los. Eles constituem seu eu verdadeiro e lhe concederão acesso a níveis cada vez mais profundos de domínio sobre a própria vida. É importante aprender que o propósito do núcleo abaixo do núcleo não é nos *separar* dos outros, mas *individualizar de forma adequada cada um de nós em um ecossistema interdependente* de pessoas e outros seres vivos. Portanto, descobrir o *núcleo abaixo do núcleo* pode nos levar à comunhão mais profunda com os outros seres verdadeiros que encontramos ao longo do caminho. A melhor maneira para descrever isso é dizer que encontramos nosso lugar não como pessoas isoladas, mas como participantes bem-vindos da maior história que existe — a história da evolução do amor.

O impacto que você pode ter para um mundo melhor está profundamente relacionado com quanto você atiça as brasas dessa parte inatingível de si mesmo. É possível, com graça e prática, que esse núcleo abaixo do núcleo se torne indistinguível do eu que você apresenta ao mundo.

Quero viver sem ser atormentado por medos desnecessários, buscando sabedoria e sendo terno comigo mesmo e com os outros. Mesmo depois que o contexto que originou nosso medo desapareceu, o temor pode não responder à razão ou às mudanças nas circunstâncias apenas. O medo é uma condição espiritual e não depende de realidades externas, mas de nossa percepção delas. Muitas pessoas nunca experimentaram violência no mundo real, de perto e pessoalmente, mas ainda assim vivem com medo. Muitos de nós ainda pensamos: *Certamente vou ser destruído.*

Mas, se pudermos mudar a carga do medo, reformulando nossa perspectiva, o ponto de partida óbvio seria nos fazermos uma pergunta simples: Por que temos medo, em primeiro lugar?

MEDO É UMA HISTÓRIA

Um convite para imaginar uma nova história

SEPARE ALGUNS MINUTOS para ficar em silêncio e pensar no seguinte: a maneira como você conta a história sobre o seu mundo vai cocriar esse mundo. Isso é verdade tanto para os detalhes individuais, cotidianos e comuns de sua vida quanto para o escopo cósmico, extraordinário e esmagador de universos que não podemos ver.

A história de violência que traz ordem ao caos — que depende do medo e da falta de imaginação — precisa ser substituída. A história pessoal depreciada que você conta sobre si mesmo, que é o único lugar onde seu medo pode existir, provavelmente também precisa de uma reescrita abrangente. Imaginar uma nova história é um privilégio. Também é nossa responsabilidade.

Para dar mais um passo na jornada rumo a uma nova história, considere três questões:

1. O que vem à sua mente quando pensa em imaginar uma nova história?
2. Que perguntas surgem quando pensa nisso?
3. Quais são alguns dos medos que você carrega?

capítulo 3

uma breve história do medo

> Que diferença faz se aquilo de que
> tem medo é real ou não?
>
> —Toni Morrison,
> *A canção de Solomon*

EXISTE UMA PEQUENA e agradável história sobre de onde vem o medo e uma mais longa e complicada. A história pequena e simples tem tigre--dentes-de-sabre, então vamos começar por aí.

Imagine-se em uma era entre os macacos no início do filme *2001: Uma odisseia no espaço* e os argonautas do mito grego. Você veste roupas grosseiras, grunhe algumas palavras e é movido pela fome e pelo impulso de comer, dormir, procriar e proteger. Você vive em um assentamento com algumas dúzias de pessoas, sua família original estendida. Não há rei, ninguém precisa servir a ninguém a não ser a si mesmo e você compartilha da comunidade, embora, com alguma frequência, provavelmente participe de uma invasão ao assentamento vizinho. Tudo o que importa acontece aqui.

Há também um tigre-dentes-de-sabre. Não um amigável. E, quando você sai para caçar macacos ou colher folhas, precisa ter cuidado. Apesar de suas cores serem de fato vívidas, há pouco aviso de sua presença, e, se você não o notar logo, estará encrencado (se é que você me entende). Então, quando sentir a presença desse tigre, você deve correr.

UMA BREVE HISTÓRIA DO MEDO

Já faz um tempo desde que tivemos que fugir com Shere Khan* em nossos calcanhares (e esse tigre do *Livro da selva* era tanto um manipulador poético astuto quanto um tipo de besta que se lança no encalço de sua presa e a dilacera). Também começamos a nos livrar do hábito de ver as cidades vizinhas apenas como fonte para matar ou saquear.

Nosso cérebro, no entanto, herdou um legado que deve muito à presença de nossos amigos tigres-dentes-de-sabre. Não é apenas uma memória; na verdade, está em nosso próprio corpo — mais significativamente, dizem os neurocientistas, na amígdala, dois grupos de núcleos que parecem amêndoas nas profundezas da intrincada arquitetura do cérebro. Estamos quase certos de que a amígdala desempenha um papel importante no desencadeamento da reação de medo — o coração bate forte, a pele fica rígida, temos o desejo de fugir ou de atacar. Chamamos a isso de reação de luta ou fuga, embora não seja totalmente preciso. Na terceira opção — paralisar —, o medo é tão opressor que nos imobiliza, e sentimos que simplesmente não podemos nos mover. De qualquer forma, quer sua amígdala o faça fugir, lutar ou paralisar, ela evoluiu em resposta à experiência do perigo.

Resumindo, o motivo pelo qual você tem duas amêndoas extremamente responsivas na cabeça é que, milhares de anos atrás, Tony, o Tigre, achou que seus antepassados fossem cereal matinal.

O tigre representa uma série de perigos. Digamos que os humanos tenham crescido no oeste da Irlanda; podemos ter desenvolvido receptores de medo a partir da experiência de caminhar ao longo das falésias de Moher.** Isso teria sido reforçado pelas histórias sobre nossos ancestrais

---

* Personagem de *Mogli, o menino lobo*, Shere Khan é um tigre-de-bengala, temido como o predador mais feroz da selva. (N.do T.)

** A duas horas de carro de Dublin, as falésias de Moher são as atrações naturais mais visitadas da Irlanda, estendendo-se por oito quilômetros sobre o oceano Atlântico e atingindo, em seu ponto mais alto, 214 metros. (N. do T.)

CAPÍTULO 3

que caíram nas rochas em direção à morte, seja porque não se mantiveram no caminho ou foram empurrados por fantasmas. Independentemente de termos medo de cair de penhascos, de tigres ou de qualquer outra coisa, a questão é sempre a mesma: *o medo é totalmente natural*. A boa notícia é que isso significa que os seres humanos desenvolveram um mecanismo de segurança incomparável. Melhor do que qualquer sistema eletrônico de alerta, a amígdala nos diz quando precisamos nos proteger e aos outros. A má notícia — ou desafio ou dom — é que a amígdala pode nos confundir e nos fazer pensar que *tudo* é assustador.

Uma coisa é se esconder ou fugir quando você se depara com um predador ou com uma potencial queda de um penhasco. Nesse momento o medo se parece muito com sabedoria. É reconfortante saber que há algo embutido em nosso corpo que intensifica nossa consciência a ponto de nos impedir de sofrer algum mal em tais situações.

O problema é que a amígdala não discerne com precisão a *natureza* ou a *escala* do perigo. Somente as histórias fazem isso. Podemos ver um lampejo de pelo laranja e preto atrás de algumas árvores, o brilho dos dentes ou mesmo ouvir seu rugido. Mas, a menos que ajustemos nosso olhar e identifiquemos uma narrativa, não saberemos se o tigre é Shere Khan, Tony, Tigrão* ou Haroldo.** Os seres humanos preveem a probabilidade de algo ocorrer com base na facilidade com que podemos nos lembrar de acontecimentos semelhantes, e muitos de nós vivemos em uma cultura viciada em contar histórias terríveis como se fossem *meras* histórias. Portanto, podemos aumentar as implicações do que está escondido nos arbustos.

Não sei você, mas Tigrão e Haroldo não me assustam. Na verdade, tenho certeza de que adoraria passar um tempo com eles. Haroldo é sá-

---

* Tigrão é um personagem da turma do Ursinho Puff.
** Referência ao tigre Haroldo da tirinha Calvin e Haroldo, criada, escrita e ilustrada pelo autor norte-americano Bill Watterson. (N. do T.)

bio e engraçado, e Tigrões são, é claro, maravilhosos. Se eu deixar minha amígdala comandar tudo, pode ser que eu esteja empilhando a cabeça deles como troféus na parede, em vez de passar a tarde pulando com eles.

Uma amígdala é um narrador não confiável. Basta olhar para os trágicos incidentes em que pais atiraram em um suposto ladrão no escuro antes de fazerem a terrível descoberta de que era um dos próprios filhos assustado com a tempestade lá fora. Há uma diferença entre o impulso desencadeado pela amígdala e a história que devemos aprender: que a *maioria* de nossos medos não é verdadeira e que *todos* eles dependem da história que contamos a nós mesmos. Podemos estimar que, digamos, 10% de nossos medos estão de alguma forma enraizados na realidade — tigres e penhascos e o dano potencial causado por 120 cavalos de potência sob o controle do seu pé direito. O medo é, portanto, uma dádiva da natureza. Já salvou sua vida mais vezes do que você pode contar.

Mas não se pode controlar o medo. Frequentemente, exageramos as ameaças não reais ou parecemos incapazes de sustentar a história de que, embora as ameaças realistas possam doer, elas não podem aniquilar nosso eu mais verdadeiro. A mente precisa ser treinada para a sabedoria de perceber a diferença entre evitar tigres e o desperdício de tempo em temer coisas que não existem. Se não aprendermos como transformar o medo, ele nos controlará. Se ficarmos preocupados ou mesmo obcecados por temer coisas que não existem de fato ou são bem mais inofensivas do que o medo nos mostra, cairemos em uma armadilha perigosa. Uma vida desperdiçada em nos proteger de coisas que não podem prejudicar a alma é uma vida mal vivida, talvez até mesmo desperdiçada. Uma vida gasta em proteger *partes* de nós que não têm importância de coisas que não são reais é uma vida não vivida.

Sem a disciplina espiritual de contar histórias saudáveis, o medo pode ser como o mercúrio deslizando em cada fenda de um labirinto de plástico. A forma como nos lembramos das coisas, onde nos percebemos

CAPÍTULO 3

hoje e o ponto de vista que temos acerca do futuro determinarão se o medo nos controlará. Ele não precisa nos controlar.

Temos nossos próprios gatilhos: palavras e eventos que nos lembram da dor ou do medo e nos fazem estremecer ou algo pior. Mas sermos provocados significa que temos coração o suficiente para nos preocuparmos com nossa própria dor — que não estamos mortos interiormente. É possível transformar nossos gatilhos em lembretes de que não estamos, afinal, presos em um passado opressor ou em um futuro imaginado. Com atenção de cura, podemos — e esta é uma das coisas mais surpreendentes — desenvolver o superpoder de permitir que nossos gatilhos nos catapultem *para o presente*. Podemos aprender a distinguir a sabedoria que protege e energiza das ficções que não fazem nada além de confundir e assustar. Mais do que isso, podemos até aprender a transformar o medo em um lembrete de como encontrar o lugar adequado entre os milagres que nos cercam o tempo todo.

TIGRES NA SELVA representam pelo menos duas revelações milagrosas sobre a natureza do mundo e sobre o que é ser humano. Predadores devoradores de humanos, nos diz o poeta naturalista David Quammen, são um presente para o círculo da vida. Em seu hábitat natural, eles fazem o que deve ser feito. Quando interrompidos, não percebem que essa interrupção veio de seres humanos com alma e família, então caçadores não deveriam levar para o lado pessoal se Tony revidar. Provavelmente o grande tubarão-branco não teria chegado tão perto da costa a ponto de devorar humanos se não tivéssemos esgotado seus estoques de peixes de águas profundas com nossas noções equivocadas de crescimento industrial a todo custo. Embora esses predadores naturais possam induzir ao medo, eles nos oferecem a dádiva da humildade. Existem criaturas que podem nos comer, mas, se as deixarmos em paz, elas nos ignorarão.

UMA BREVE HISTÓRIA DO MEDO

A glória da natureza pode ser explicada, em parte, porque, quando trabalhamos *com* o ecossistema, ele trabalha conosco. Somos tolos em pensar que podemos dominar a Terra ou que alguma vez precisamos disso em primeiro lugar.

Há outro belo presente a ganhar quando reconhecermos nossa interdependência dos outros no ecossistema. Os seres humanos têm a responsabilidade de administrar o mundo natural, mas isso não significa que o possuímos. Por um lado, não estamos separados do ecossistema, mas somos *parte* dele. Isso deveria ser óbvio, mas geralmente não é reconhecido. Alguns veem essa humildade como uma ameaça ou um insulto. No entanto, a dádiva de nosso lugar na cadeia alimentar é a dádiva de trocar a conquista pela administração. As pessoas que exploram o ecossistema para obter lucro poderiam considerar como a vida delas seria muito mais agradável se não acreditassem que tudo o mais depende delas. Na verdade, saber que realmente *há* coisas das quais vale a pena ter medo — ou coisas que ao menos inspirem a sabedoria do discernimento — é um dom. Refletir sobre como a natureza (ou talvez o sagrado) descobriu que precisamos de uma ajudinha, um pouco de orientação sobre o difícil caminho de estar vivo, é o mais profundo conforto.

A responsabilidade de nosso lugar na cadeia alimentar é reconhecer, como diz Quammen, que quando os tigres estão "perdidos na natureza, eles estão perdidos no sentido mais profundo". Alguns temores são saudáveis porque nos ajudam a fazer escolhas sábias, a nos proteger e aos outros e a nos tornar bons administradores da Terra e de seus recursos. Isto é liberdade: discernir a possibilidade e o perigo e decidir o que fazer com eles. Sem essa liberdade, seríamos pouco mais que robôs.

O ser humano também é um ecossistema, e há uma interdependência milagrosa na estrutura de nosso corpo, de nossa mente e do nosso verdadeiro eu. Um pouco de medo pode realmente ajudar a nos conceder a qualidade mais humana de todas: a capacidade de escolha. Pode

CAPÍTULO 3

ser por isso que um de nossos medos mais arquetípicos seja o medo de autoridades, que às vezes nos dizem que podem tirar nossas escolhas.

EU JAMAIS GOSTEI da ideia de "autoridades". De onde venho, tantas de nossas regras surgiram para manter nossa sociedade dividida entre "nós" e "eles" que suponho haver motivos para ter cuidado com aqueles que pensam que sabem administrar as coisas. Sabíamos que não devíamos ir a certos lugares para não sermos surpreendidos pela violência ou pelo susto de uma bomba, a autoridade pública era contestada e o *status* ambíguo do estado em que vivíamos tornava os poderes ainda mais inalcançáveis. Era palpável o medo de que o poder fosse exercido sem compaixão ou de que a força fosse imposta sem responsabilidade.

A maioria de nós sabe quanto é tenso ver um carro da polícia escondido em um canteiro central na rodovia quando estamos dirigindo acima da velocidade permitida. Alguns de nós experimentamos desvantagens muito mais sérias do que a mera ansiedade decorrente do desprezo sistêmico por questões de raça, gênero, orientação sexual, nacionalidade, condição física, educação ou idade, que muitas vezes se manifesta na forma de um total desdém. Muitos de nós sentimos o medo de sermos acusados de algo que não fizemos e de não sermos capazes de nos defender, e, claro, as realidades estruturais por trás desse medo são mais perigosas para alguns do que para outros.

Para dar um exemplo cotidiano, sabe-se que indivíduos emocionalmente maduros e confiantes se preocupam quando a correspondência chega, caso seja uma carta do fisco ou uma conta vencida. Um sábio arcebispo disse certa vez que, se um estranho na rua nos abordar e sussurrar "Eles sabem. Corra!", a maioria de nós realmente fugirá. Damos tanto poder às autoridades invisíveis que elas têm algum controle sobre cada um de nós — o que nos leva de volta a pensar em como a estratégia do sentir medo sozinho é autodestrutiva. Se *todos* nós tivermos medo de determinada coisa, talvez haja motivos para acreditar um pouco menos na parte solitária do medo.

Existe um sistema invisível de autoridade no mundo. Um antigo texto do Oriente Médio o chama de "principados e potentados"; os sociólogos chamam de "estrutura social"; outros simplesmente chamam de "o jeito como as coisas são". Em *As vinhas da ira*, John Steinbeck faz uma perfeita metáfora sobre o lado sombrio do poder quando um de seus *persona*gens questiona de que forma um banco pode ser "feito de homens" e mesmo assim "não poder ser controlado por eles". Os homens do banco vêm dizer aos homens da fazenda que eles perderam o trabalho porque o banco decidiu que ele não é lucrativo. Os homens suaram e morreram trabalhando na terra; o banco nunca viu a terra.

Todos nós observamos o que o teólogo e estudioso da Bíblia Walter Wink chama de "sistema de dominação" no trabalho — na guerra, na punição, na discriminação e outras injustiças, ou em qualquer situação em que a interação pessoal e humana é interrompida pela burocracia. Isto não pode ser negado: o mundo está sobrecarregado pelo comportamento, muitas vezes confuso e às vezes cruel, dos seres humanos. Seja na Assembleia Geral das Nações Unidas, em que o interesse nacionalista pode cegar pessoas decentes para o bem comum, seja em um restaurante, onde um garçom tem de se defender dos insultos de clientes insatisfeitos com algo sobre o qual ele não tem controle, o poder da sombra opera quando escolhemos a inautenticidade do isolamento no lugar da integridade do amor.

Ao mesmo tempo, os humanos preveem a probabilidade de ocorrerem eventos ruins com base na facilidade com que podemos nos lembrar de histórias semelhantes. Em outras palavras, quanto mais pensamos sobre algo, mais provavelmente prevemos que ele acontecerá novamente. Assim, não é surpresa quando pessoas que vivem em uma cultura da informação viciada em más notícias preveem que a correspondência

CAPÍTULO 3

que acabou de chegar é uma multa de trânsito, e não uma redução de impostos. Mais seriamente, a imposição de autoridade sem consentimento aumenta os temores legítimos de pessoas com menos acesso ao centro do poder institucional.

É um mundo danificado, mas, no caminho da reparação, vemos muitos exemplos de como o poder pode ser usado com amor. Podemos ver atos de misericórdia e alertas gentis, e a troca do julgamento e do desprezo pela curiosidade e educação. O poder — desde a forma como administramos cidades e serviços de segurança pública até o modo como nações inteiras se relacionam entre si e como os seres humanos se relacionam com o planeta — pode ser compartilhado de modo interdependente e exercido com respeito mútuo por todas as formas de vida. Mas as escolhas de outras pessoas não importarão tanto se você nutrir a autoridade suprema interior, porque o único *sim* que pode realmente significar sim (ou o *não* que pode de fato significar não, ou um talvez) é aquele que vem de seu verdadeiro eu. Essa sua parte provavelmente está um tanto enterrada, porque nossa cultura geralmente não faz um bom trabalho em apresentar o ego ao verdadeiro eu. Certamente você levou décadas para construir uma persona com base no que as outras pessoas lhe contaram, de pais, a amigos e professores, e com base em política, religião e todos os tipos de sistemas culturais. Provavelmente houve elementos da história gentis, conectores, criativos e corajosos, mas, quando o cerne da história se baseava em egoísmo, traição e separação, uma parte de você deve ter resistido. Se encontrou mentores sábios entre os contadores de histórias em sua vida, você pode muito bem ter sido iniciado na descoberta do verdadeiro eu.

Mas, se você for como a maioria de nós, seu verdadeiro eu tem se expressado como uma voz interior silenciosa, que devolve o que está obviamente errado no mundo, segue o caminho da inteireza mesmo quando ele não é o caminho comum, chora secretamente quando vê um

UMA BREVE HISTÓRIA DO MEDO

arco-íris, está disposto a morrer, mas não a matar, sabe que há algo real além do que fomos treinados a enxergar, algo indescritivelmente bom. Essa parte pode estar reprimida, mas é real.

A dificuldade em encontrar essa parte reprimida de nós mesmos pode ser parcialmente explicada por aquela história mais longa e complicada acerca da origem de nosso medo. Não há tigres nessa história. Não precisa haver tigres — porque nessa história aprendemos sobre a mentira de que o monstro somos nós.

———————————

UMA DAS TEORIAS mais provocativas sobre a vida interior — e a história mais longa e complicada das origens do medo — vem dos escritos do filósofo francês Michel Foucault sobre o desenvolvimento em torno do "si". Foucault explica como as autoridades indutoras de medo nos ensinaram a nos compreender por meio de uma observação fascinante: de que, pelo menos nas culturas dominadas pela cristandade, os humanos deram um salto na definição de si mesmos confessando repetidamente seus pecados a um padre, a quem atribuem o próprio poder de Deus. Assim, reforçamos a noção de que o que é mais importante sobre nós é um monte de coisas das quais nos envergonhamos (ou das quais nos disseram que devemos ter vergonha). Essa história nos ensinou que sentir vergonha é um "sacramento", portanto é bom para nós e existe um poder superior mais interessado em punir nossos erros do que em afirmar nossa beleza.

Manter a culpa e o medo reprimidos não é bom para ninguém. Como diz Leonard Cohen, é através da fenda que chega a luz. Portanto, é importante notar que a confissão saudável — em uma conversa com um confessor emocionalmente maduro que não sinta vergonha — é de fato boa para a alma. Encontramos a cura ao enfrentar nossa escuridão interior e fazer as pazes. A confissão saudável inclui a libertação de saber

CAPÍTULO 3

que não se está só, a oportunidade de aprender com os próprios erros e novos acordos para que se possa andar um pouco mais adiante da próxima vez.

Mas modelos doentios de confissão, afirma Foucault, criaram o "si" como um pequeno receptáculo da vergonha, incapaz de assumir a responsabilidade por suas ações e que necessita de um mágico no céu para declará-lo limpo. Muitas pessoas experimentam a confissão apenas como uma lista de verificação mental ou um jogo superficial, um tipo de registro espiritual que usamos para nos sentir melhores sobre nós mesmos ou porque se encaixa nas normas da comunidade, a qual esperamos desesperadamente que nos aceite. As lentes pelas quais identificamos "pecado" ou "escuridão" derivam dos caprichos das autoridades. Isso significa revelar o que Simone Weil chamou de "nosso maior poder": o poder de dizer "eu".

Dado o poder que cedemos a autoridades religiosas e outras tantas como tomadoras de decisão, muitos de nós herdamos noções a respeito de nós mesmos repletas de vergonha, e temos muito a desaprender sobre quando renunciar ao poder e quando assumi-lo. A confissão, para mim, foi inicialmente equiparada a nomear minha escuridão em vez de minha luz, minha sombra em vez de meu brilho. Como resultado, estou propenso a superestimar a escuridão e amaldiçoá-la, em vez de notar os milhões de velas já acesas. Alguns dizem que nos tornamos aquilo em que prestamos atenção. Não é de admirar então que, ao ter minha visão restringida pela cultura a confessar apenas a sombra, tudo que eu podia ver era a escuridão. Não é de admirar que eu me considerasse feio e acolhesse o conceito de inocência como um sinal de fraqueza, em vez de entendê-la como um sinal da verdadeira imensidão do que é ser humano. Ambos como início e destino.

UMA BREVE HISTÓRIA DO MEDO

TODOS NÓS TEMOS a experiência de uma figura ou uma instituição de autoridade da qual temos medo. Para alguns, está representada por um dos pais cujo amor se tornou confuso e distorcido sob uma disciplina severa ou cuja própria fragilidade não foi bem cuidada e projetou sua sombra em você. Para outros, é uma cultura religiosa que os amarrou fortemente de um lado, mas os deixou com liberdade de movimento suficiente para que possam se flagelar do outro — uma cultura em que pessoas bem-intencionadas ainda transmitem ideias desumanizadas e ultrapassadas sobre pecado original e depravação de crianças. Para alguns, é o medo de autoridades que quebram suas promessas ou o medo de sistemas que reforçam a heresia de que a vida de algumas pessoas vale mais do que a de outras. Alguns recuam diante da imagem ou da ideia de Deus. E está tudo bem — saber disso permite que você comece a ser gentil consigo mesmo.

Então, deixe-me dizer mais uma coisa sobre Deus — ou, para ser preciso, Deus. A palavra não pode conter o que procura transmitir. Nenhuma palavra pode, mas vamos encará-lo, *Deus* é o maior — tão grande que sua própria grandeza é facilmente ignorada. É difícil de lidar. Nós *falamos* muito acerca de *Deus* sem nunca nos referirmos à sabedoria do conceito, muito menos experimentá-lo. Então, vamos tentar: não acho que Deus seja um cara fofinho com uma bela barba, sentado nas nuvens. Mas realmente acredito que, se você acha que essa imagem lhe dá vida, que seja bem-vinda e lhe traga alegria. Quando uso a palavra *Deus*, quero dizer algo como aquilo que é transmitido pela frase "Realidade com *R* maiúsculo e mais".

Vamos imaginar que Deus é Realidade e que Realidade é maior que os universos, conhecidos e desconhecidos; é a Base do Ser, que por sua vez propicia que possamos imaginar qualquer coisa. Deus induz as regras da lógica e da razão, é a explicação de tudo, permeia cada molécula e se revela quase completamente em cada rosto humano. Amor puro.

CAPÍTULO 3

Você nasceu em um mundo cheio de pessoas tentando acertar, mas cujos resultados imperfeitos lhe deram um presente: a necessidade de descobrir as coisas por si mesmo. Então você tem a chance de escolher conscientemente como participará do próximo estágio da evolução humana, em vez de repetir os erros do passado. (Peço desculpas a qualquer papagaio que possa estar lendo. Tenho certeza de que você também tem algo original a dizer.)

Mas é claro que a aparência dessa escolha consciente depende de você. Não poderia ser de outra maneira. O medo das autoridades externas só pode ser superado quando o ser humano assume a autoridade para si. Talvez a imaginação, no final das contas, seja a única que não pode ser aprisionada, exceto com o consentimento do prisioneiro. A oportunidade agridoce para você, para mim, para todos que conhecemos é perceber que somos nossos próprios carcereiros. E de sua prisão, onde você se acorrenta a uma visão de mundo que atribui poder a forças espirituais invisíveis as quais podem criar guerras, pobreza, opressão política e o DMV — Departamento de veículos motorizados, a surpreendente dádiva é que ninguém possui a chave para a sua prisão, somente você. Você pode tomar medidas para se libertar, nutrindo sua voz autoritária interior. Na verdade, nutrir a autoridade interior é o primeiro passo para superar o medo.

Considere isto: Se você não tem misericórdia de si mesmo, tente ser mais misericordioso com os outros. Faça isso por tempo suficiente e começará a se perdoar.

Se você é um crítico severo, ofereça *feedback* a si mesmo, primeiro identificando o que fez bem e, em seguida, avaliando uma maneira melhor de fazê-lo da próxima vez — sem se preocupar com o que acredita que fez mal.

Se sua comunidade tende a amaldiçoar a escuridão antes de acender velas para iluminá-la, considere comprar algumas velas.

UMA BREVE HISTÓRIA DO MEDO

Se você deu poder de sua própria vida a autoridades externas, tente refazer a jornada que o levou até esse ponto e recupere esse poder um pouco de cada vez.

Se precisar de ajuda, aprenda como — e a quem — pedir.

É UM PARADOXO que o caminho para superar o medo dependa da descoberta do verdadeiro eu, porque isso requer conhecer a própria vulnerabilidade que pode ter nos assustado no início. Podemos ter medo de enfrentar nosso verdadeiro eu. A boa notícia é que não precisa acontecer de repente; na verdade, é uma tarefa para a vida toda. Mas, se prestarmos atenção à sabedoria das histórias sobre essa jornada, podemos escolher momentos, às vezes todos os dias, que podem arrefecer o campo de força que muitos de nós encontramos entre nós e quem realmente somos. Aqui estão algumas histórias que podem ajudar.

Não fazia muito tempo que eu havia saído da faculdade quando precisei pedir dinheiro emprestado ao meu pai. Peguei mil libras emprestadas — cerca de 1.600 dólares na época — e fiz um acordo de que lhe pagaria de volta em determinada data.

Mas eu não podia lhe pagar e, à medida que o dia do pagamento se aproximava, fui oprimido pelo medo de contar isso a meu pai e pela pressão da história que estava contando a mim mesmo sobre minha situação financeira. Não tentei fazer nada a respeito da minha situação, o que é uma resposta típica ao gatilho do medo: o tigre está vindo em nossa direção, então congelamos e apertamos os olhos com força. É aquela esperança adoravelmente inútil de que, se não virmos a ameaça, ficaremos invisíveis a ela de alguma forma.

Encontrei meu pai em uma manhã de sábado. Ele esperava um reembolso. Eu estava esperando o Dia D. Sentamo-nos em lados opostos da mesa da cozinha enquanto eu lhe contava a verdade: eu não apenas

53

CAPÍTULO 3

não poderia lhe pagar naquele dia, como precisava de mais dinheiro emprestado.

Dois fatos notáveis se seguiram. O primeiro foi que, quando meu pai me disse, com lágrimas lhe caindo dos olhos, que ele não tinha mais dinheiro no banco para me emprestar, dei mais um passo em direção à idade adulta. Para assumir autoridade sobre mim mesmo. Ele não era mais o deus invencível em quem eu confiava — e a quem culpava por — tudo, mas um homem lindo e vulnerável, assim como eu.

O segundo foi que, no mesmo momento, ele incorporou o tipo de graça, generosidade e ternura que somente figuras de autoridade autênticas conseguem ter. Depois de sair da cozinha por alguns minutos para pensar no que fazer — enquanto eu fervia de ansiedade —, ele voltou com um sorriso. Alguns meses antes eu havia emprestado a ele minha bicicleta, da qual eu não gostava nem usava, e que ele mesmo havia me dado. Valia cerca de oitenta libras. Meu pai disse que realmente não tinha mais dinheiro para emprestar na época, mas que ele tinha gostado muito da bicicleta e, se estivesse tudo bem para mim, queria comprá-la. Disse que achava que valia cerca de mil libras, e, se esse preço fosse aceitável para mim, poderíamos fechar negócio. Assim fizemos. Foi uma enorme dádiva, um momento de cura, que não apenas tirou minha ansiedade, mas nos salvou da vergonha.

Vivemos um poderoso momento de possibilidades. A vulnerabilidade está gradativamente se tornando mais valorizada como uma forma de ser, mesmo na vida pública. Ela é uma planta tenra que precisa ser nutrida, e, visto que a vergonha, e não a misericórdia, tem sido tão frequente há tanto tempo, devemos declarar que aqueles que pedem ajuda são os heróis de nosso tempo. O próprio pedido de ajuda deve ser uma ocasião de alegria, pois outro ser humano está se libertando da opressão mortal que diz que estamos sozinhos e devemos nos defender por conta própria. Tanta violência procede de alguém que precisa de ajuda, mas se sente incapaz de

UMA BREVE HISTÓRIA DO MEDO

pedi-la. Três dos maiores genocídios do século XX decorreram da fragilidade não resolvida de apenas três indivíduos: Adolf Hitler, Joseph Stalin e Pol Pot. Você consegue imaginar um mundo em que qualquer um deles tivesse pedido ajuda para identificar o que realmente precisava?

Pense nas vezes em que sentiu um medo debilitante. Posso apostar que o que você pensou que poderia acontecer provavelmente não aconteceu. Ou, se aconteceu, não foi tão ruim quanto esperava. Ou, se foi, hoje você pode pelo menos se considerar um sobrevivente. A verdade mais provável é que você não tinha medo da coisa em si, em princípio, mas de sua capacidade de lidar com ela, caso acontecesse.

Outra maneira de entender isso seria dizer que você temia não tanto a ameaça, mas a si mesmo. O dom de temer as autoridades é a oportunidade de aprofundar a autoridade dentro de você. E há um bônus especial nisso: às vezes, as autoridades acabam sendo curadas também.

UM AMIGO MEU sempre contava a história de um homem condenado a passar a noite em uma cela escura com uma cobra venenosa. A noite toda ele ficou encolhido em um canto, tentando não respirar, com medo de despertar seu algoz furtivo. O terror era tanto que ele pensou que o próprio medo poderia matá-lo; não haveria necessidade de a serpente atacá-lo.

Quando o amanhecer começou a irromper pela janela da cela, ele não se permitiu ter a esperança de ser logo libertado e livre do perigo, caso soltasse um som que selasse seu destino no último minuto. Talvez seu momento de maior medo tenha sido quando ouviu os passos do guarda no corredor a caminho de abrir a porta e deixá-lo ir. Rezando silenciosamente para que o tilintar das chaves do guarda não despertasse a cobra, observou a luz do sol rastejando pelo chão, redobrando seu medo. A cobra não seria acordada pelo brilho da luz? Mas a luz teve um efeito diferente: assim que o guarda destrancou a porta, o condenado viu que a

CAPÍTULO 3

monstruosa cobra na cela não era, de fato, uma cobra. Era um pedaço de corda velha enrolada em um canto. Um objeto com o propósito de ensinar crescimento espiritual às pessoas da cidade.

Claro, é reconfortante saber que o que nos apavora geralmente é apenas um pedaço de corda velha em um canto da sala. O importante nessa história é que o condenado simplesmente aceitou seu destino. Ele poderia ter feito perguntas às autoridades que o colocaram na cela; poderia ter pesquisado sobre cobras; poderia ter pedido ajuda; poderia até ter falado com a cobra. Ele não fez isso porque estava com medo — não da cobra ou das autoridades, mas de si mesmo, uma vez que havia entregado a própria vontade a outra pessoa. Ele havia rendido sua vontade a falsas autoridades, porque não aprendera a ter autoridade sobre si mesmo.

Como mencionei, nossos medos são justificados em um nível muito inferior àquele que imaginamos; na maior parte do tempo nossos medos podem ser totalmente sem fundamento. E, mesmo para aqueles medos baseados na realidade, a maior parte da experiência humana nos ensina que passar por algo que temíamos muitas vezes é menos terrível do que o próprio medo. A experiência do medo pode ser tão debilitante que nos *esquecemos* daquilo de que temos medo. A forma como o medo se apodera de nossa mente e de nosso corpo é, às vezes, tão poderosa que pode parecer que não há filtro entre nosso medo e nosso próprio eu.

Um amigo meu cultivava o dom de aquietar a alma o suficiente para se perguntar: "De que *exatamente* tenho medo?". Às vezes, ele fazia isso repetidamente até chegar à raiz de seu medo. Sempre era algo menor do que suas emoções lhe diziam. Ele percebeu que seus medos não podiam ser maiores do que ele. Se ele os estava experimentando, então existiam *dentro* de si, o que significava que ele era maior do que seus medos. Perguntar com precisão cirúrgica a natureza exata de seus temores lhe permitiu assumir algum controle sobre as circunstâncias que os haviam originado.

Provavelmente, na vida de todos nós, confundimos pedaços de

corda velha com cobras venenosas. Imaginamos a cobra no canto e lutamos tanto contra ela quanto contra o medo do que ela pode nos fazer. Nós nos colocamos em uma luta perpétua com uma cobra imaginária. Há uma invocação Hopi que, entre outras coisas, nos diz para "banir a palavra 'luta' de [nossa] atitude e [nosso] vocabulário". Essa é uma variação do que eu quero fazer com o medo: não erradicá-lo, mas permitir que ele encontre o equilíbrio adequado. Isso significa não apenas reduzir seu poder aparando o excesso desnecessário, mas também perguntar que lição a velha corda no canto da sala quer me ensinar.

UM CONVITE PARA PENSAR NO QUE LHE DÁ VIDA

A MANEIRA COMO acordamos de manhã, como preparamos e fazemos as refeições, a forma como vamos ao trabalho, como lavamos a louça (ou a deixamos amontoar), como estacionamos o carro ou vamos ao cinema, o que vestimos para casamentos ou nas férias ou em casa: todos nós nos envolvemos em *rituais*, quer os chamemos rituais, quer não. Brian McLaren define ritual como "um ato que emprega o corpo para se vincular a um significado". Os rituais incluem nossos padrões de relacionamento com os outros: entes queridos, amigos, colegas, estranhos, pessoas de quem não gostamos, pessoas que tememos. Quanto e de que forma interagimos com a (ou somos controlados pela) tecnologia — e-mail, mídia social, "notícias" — podem ser os fatos mais surpreendentes de nossa vida ritual. Quais são seus rituais?

Há uma antiga prática espiritual que muitos consideram útil para transformar rituais que nos mantêm espiritualmente adormecidos em rituais que animam nossa vida como uma jornada extraordinária. Considere um dia típico ou mesmo uma semana em sua vida e observe os padrões que se repetem. Em seguida, faça a si mesmo duas perguntas:

CAPÍTULO 3

1. Quais dessas práticas rituais dão vida?
2. Quais dessas práticas rituais trazem menos vida — ou, pior, até lhe trazem uma espécie de morte?

Faça duas listas, uma para cada tipo: rituais que dão vida e rituais que tratam da morte. Em seguida, realize menos rituais de morte e mais rituais que dão vida. Essa prática o ajudará a descobrir sua verdadeira identidade.

capítulo 4

você não sabe o fim da história

> Não há um final real. É apenas o ponto onde você interrompe a história.
>
> —Frank Herbert

LEMBRO-ME DE FICAR de pé em uma plataforma e falar para quinhentos religiosos sérios sobre o sectarismo na Irlanda. Tive o privilégio de estar lá e não conseguia acreditar que havia sido convidado. Enquanto eu defendia a reparação de antigas inimizades — e, fazendo um pouco de piada, convocava a ousadia deles para enfrentar o império —, a multidão aplaudia e ria em seus lugares. Depois, todos fizeram fila para falar comigo e me dizer como havia sido bom; alguém até se referiu à palestra como um "momento histórico" na vida daquela já tão histórica instituição.

Ainda assim, enquanto eu estava no palco revisando meu texto preparado, mostrando slides e educadamente tomando minha água, a voz em minha cabeça não era orgulhosa nem silenciosamente confiante. Eu estava apavorado. Havia um zumbido me dizendo: *Você não é bom o suficiente. E todo mundo sabe disso. Você vai ser destruído.*

A palavra *zumbido* é apropriada porque esses pensamentos são como abelhas: eles circundam a mente e, de vez em quando, picam. Começam em meu peito com um aperto. Minhas pernas ficam instáveis. Minhas têmporas doem. Tenho aquele tipo de arrepio nada legal. Minha cabeça tenta

CAPÍTULO 4

virar para o outro lado, repelida pelo que acha que pode ver. Eu me afundo no medo de que nada do que eu possa fazer vai reparar os erros do passado nem evitar que eu avance na névoa melancólica que ameaça repeti-los para sempre, ou no medo de que coisas terríveis acontecerão comigo.

Esse pressentimento me acerta no esterno, como um dardo. Embora eu tente a autopsicoterapia, meu corpo e minha mente são tomados pelo terror, deleitando-se com distrações e mergulhando na escuridão. *Deixei o fogão aceso* ou *Deixei a porta destrancada* rapidamente se tornam: *Estou perdido*. Daí, apenas um pequeno salto para: *Nunca vou ser feliz*, *Nunca vou chegar em casa*, ou *Vou ser vítima de violência*. E então, em pouco tempo, chego a: *Vou ser destruído — junto com o resto do mundo*.

Com o tempo, essas noções se tornaram íntimas do meu eu interior. Eu as ensaiava mesmo quando meu eu visível ao mundo exterior parecia gentil, engraçado e feliz. Posso jogar o jogo com a multidão para impressioná-la ou apenas para me manter à tona. Aprendi maneiras de aceitar essas vozes. Eu já as ouvi com tanta frequência que seus tormentos são uma segunda natureza.

Existem boas razões para minha psique se agarrar à ideia de que algo terrível vai acontecer comigo. Como disse antes, cresci em um lugar onde eventos horríveis pareciam sempre estar acontecendo, tanto que nossa história parecia contar que esses eventos horríveis eram a *única* coisa que acontecia — ou pelo menos era o mais provável. O violento conflito civil no norte da Irlanda foi apresentado como *a história* de nossa vida. Em alguns sentidos, éramos *preenchidos* pela violência porque nossa própria identidade nos foi explicada no âmbito da oposição — ou pelo menos da defensiva. Muitos de nós acreditávamos, ou agíamos como se acreditássemos, que a denúncia triunfal ou a humilhação física do outro nos manteria fortes. Incorporamos o mito da violência redentora, agindo como se negar as necessidades das pessoas que eram diferentes fosse apagar *e* (re)estabelecer a nossa nação. Mesmo nas partes dessa história que se baseavam em ideias sobre segurança, saúde ou orgulho, no final estávamos alimentando também a fera que queria nos devorar.

Fomos vítimas do que os cientistas sociais chamam de *viés de disponibilidade*: a maneira como os seres humanos predizem a probabilidade de algo acontecer com base na facilidade com que nos lembramos de coisas semelhantes. Estávamos cercados de violência, ou pelo menos é o que nossa cultura nos dizia. Também estávamos cercados por hospitalidade e campos verdes e risos e gentileza, mas essas histórias não costumam ser notícia, por isso acreditávamos que a violência era o nosso modo de vida. O viés de disponibilidade funcionou sobre nós, limitando nosso senso de possibilidade a uma horrível sala de espelhos. E nós aceitamos esse viés — em parte porque não o entendíamos e em parte porque querer se esconder em um canto é uma resposta natural a um trauma verdadeiro. Havia tanta pressão para viver como se tudo estivesse indo para o inferno que éramos basicamente as últimas pessoas em um bote salva-vidas tentando garantir que ninguém mais entrasse nele, que ninguém fosse confiável e sempre estivéssemos certos.

Esse tipo de pensamento custa muito caro. Seamus Heaney evocou o sentimento de desconfiança presunçosa com o qual os irlandeses do norte se sustentavam a partir da frase "o que quer que você diga, não diga nada". Não ser capaz de falar honestamente com os outros torna mais fácil desenvolver uma voz hiperativa na própria cabeça. Claro, essa voz não surge apenas em quem cresceu cercado por tensões políticas e sombras. Entre outras jornadas, chega também a quem tem que navegar pela descoberta de não ser "hétero" em uma cultura de preconceito anti-LGBTQIA+.

Então, passei a infância falando comigo mesmo. Falando para eu mesmo acreditar que estava em perigo o tempo todo e que, por ser diferente, havia algo de errado comigo. Você pode, é claro, *escolher* visitar seus pequenos torturadores e, assim, manter algum modo de controle. Mas, a menos que esteja fazendo isso como parte de um trabalho terapêutico intencional sobre

CAPÍTULO 4

sombras, se você facilitar, isso seria tão sábio quanto o alcoólatra que diz a si mesmo que pode beber *apenas um último drinque* e ficará tudo bem.

Por alguma razão, nunca achei fácil manter as coisas reprimidas internamente, e, de qualquer forma, meu medo era tão doloroso que não pude ignorá-lo. Sempre fui muito falante, por isso também conversei com quem quisesse ouvir, imprimindo minha ansiedade no mata-borrão que muitos seres humanos tendiam a ser. A percepção revelou-se importante porque não eram, em última análise, a ferida ou os efeitos traumáticos dela que constituíam o problema. Mas o que eu pensava sobre eles.

Sei disso porque, certa vez, compartilhei uma cigarrilha com um veterano das Forças Armadas suíças próximo à Torre Eiffel. Já contei essa história inúmeras vezes, porque preciso me lembrar de sua dádiva. Embora eu a tenha recebido pela primeira vez há mais de duas décadas, essa dádiva persiste ainda hoje.

NO VERÃO DE 1997, estive em Paris por apenas uma noite. Era o último dia de uma viagem de um mês pelo continente de trem: de comer comida nepalesa em Amsterdã e baguetes e queijo em Genebra, assistir a filmes nova-iorquinos em Praga, escalar a torre do anjo em Berlim, levar a eucaristia luterana às ruas de Oslo, dançar em Barcelona, ficar parado em Auschwitz. Eu tinha um dia livre antes do meu voo de volta para casa, então fiz o que todo hipster europeu de bem faria. Peguei um trem para a cidade mais romântica do mundo e desci para sua armadilha turística mais conhecida: a Torre Eiffel, tão familiar em uma dúzia de filmes de desastre cuja destruição, explosão, inundação ou evaporação serve como representação da colonização iminente da Europa por alienígenas, meteoritos ou Godzillas. É também, claro, o emblema do amor de Ilsa e Rick em *Casablanca*; eles "sempre teriam Paris", e esse mesmo pensamento acabaria por me guiar a um lugar de conforto eterno.

VOCÊ NÃO SABE O FIM DA HISTÓRIA

A história representada por Ingrid Bergman e Humphrey Bogart no filme de 1942 revela-se uma parábola tão transcendente quanto muitas outras nos textos sagrados mais convencionais. No clímax do roteiro de *Casablanca*, ao escolher o caminho por meio do qual podem servir ao bem comum, Ilsa e Rick abrem mão da esperança de uma vida juntos. Mas seu amor sempre se sustentará, mesmo através do tempo e da distância. Isso é o que "sempre teremos Paris" significa. Que no fim das contas, já que nada real nunca é perdido, não temos que escolher entre permanecer enraizados em nosso eu mais verdadeiro ou entrar em transformação. Se o amor é a energia que nos anima, podemos permanecer exatamente como sempre fomos (em todas as maneiras que mais importam) e ainda mudar (evoluindo para uma experiência mais profunda dessas mesmas coisas). Mas eu não sabia disso ainda. Eu estava visitando a Torre Eiffel com um maço de cigarrilhas Cohiba no bolso, que nos meus 22 anos havia sido provavelmente a compra mais cara de um único item que eu já tinha feito. O maço tinha dez cigarrilhas, feitas em Cuba, as quais fumei com o tipo de esforço que um novato como eu tem de fazer para que parecesse não estar fazendo esforço algum. Quando cheguei a Paris, havia cinco cigarrilhas no maço.

O valor do ingresso para a torre estava além do que eu podia pagar com o restante de moedas que tinha depois de um mês de viagem econômica, então me deitei de costas embaixo dela, olhando para a magnífica e enorme engenhosidade de seu interior, imaginando-me como se tivesse acabado de nascer e olhasse para o lugar de onde vim. Eu estava prestes a renascer. Andei até uma das pontes perto da torre, a Pont de l'Alma, e sentei-me perto do Sena. Acendi a cigarrilha número seis e a fumei como o inseguro irlandês do norte se recuperando do evangélico que era: com medo de tudo, inclusive de mim, e tentando disfarçar. Um homem se aproximou exalando o cheiro inconfundível de quem não toma banho há algum tempo. Ele perguntou se eu poderia lhe dar uma

CAPÍTULO 4

cigarrilha, e eu lhe dei. Eu sabia francês o suficiente para podermos manter uma conversa unilateral, então conversamos um pouco.

Seu nome era Jean-Marc, e ele viera da Suíça para Paris havia cinco meses, depois de passar um tempo no exército. Ele passara por tempos difíceis e agora estava morando na rua.

— Paris só se preocupa com os turistas — ele me disse. — Ela não se preocupa com seu próprio povo.

Ele chorou um pouco quando disse isso. Evitou meus olhos enquanto falava, olhando em direção ao rio.

O tempo fez o que tem de fazer, e logo era hora de eu pegar o último metrô de volta para o apartamento em que estava hospedado. Perguntei-lhe se poderia lhe dar algum dinheiro, mas ele recusou. Então perguntei se havia mais alguma coisa que eu pudesse fazer, rangendo os dentes e esperando silenciosamente que ele não pedisse as três cigarrilhas restantes. Então outro pensamento veio a mim: *Doe para quem lhe pede.* É claro que era o pensamento de outra pessoa, mas uma das dádivas do evangelismo, do qual eu estava me recuperando, era que esses bons ensinamentos nunca se afastavam de mim, mesmo que não fossem praticados com frequência. Jean-Marc realmente queria as cigarrilhas, e eu as dei com um sorriso enigmático. Ele enfiou a mão na mochila e tirou um aparelho de barbear elétrico que me disse ter encontrado na rua. Ele o entregou a mim como uma troca. Segurou meus ombros e me abraçou, beijando-me nas bochechas como os franceses fazem.

Então ele puxou meu rosto para perto do dele e me beijou na boca, demoradamente. Provei sua cerveja e sua barba por fazer e vi seus olhos de perto enquanto ele segurava meu rosto com as mãos. Afastando-se alguns centímetros, ele disse:

— *Je n'ai pas le SIDA. Je vous fais plaisir?*[*]

---

[*] Eu não tenho aids. Estou lhe fazendo feliz? (N. do E.)

VOCÊ NÃO SABE O FIM DA HISTÓRIA

Só hoje notei que, depois de me dizer que não tinha aids, ele usou o formal "senhor" ao se oferecer para fazer sexo comigo por dinheiro. Ainda posso ver seus olhos escuros e adoráveis e ouvir suas lágrimas depois de me contar como a cidade que o havia acolhido não se importava com ele.

Estranhamente encontramos uma maneira de sair dessa conversa. Peguei o metrô de volta ao apartamento onde estava hospedado naquela noite — e contei a história de Jean-Marc por muitos anos.

No início, contei essa história como uma imagem de como as pessoas religiosas costumam manter nossas crenças como se fossem uma espécie de "míssil da verdade", abordando aqueles que consideramos Outros como se *eles* fossem alvos. Como se apenas *nós* tivéssemos algo para dar a *eles* e como se *eles* não tivessem nada para *nos* dar exceto sua aquiescência. Durante anos, contei a história de Jean-Marc como uma provocação para que pessoas como eu parassem de agir como se todo mundo fosse apenas um receptáculo de nossa "sabedoria" espiritual, como se Jean-Marc fosse apenas uma brincadeira para meu ego. Se abordarmos as pessoas como potenciais recrutas sectárias involuntárias, não surpreende que às vezes elas reajam como se estivéssemos fazendo uma transação econômica. Quando você constrói relacionamentos com base nos outros, aprende mais sobre matemática do que amor.

Contar a história dessa maneira me levou a muitos seminários, conferências e conversas individuais sobre estabelecer a paz e outros assuntos, sem mencionar que trouxe indulgência para o meu ego. Você só pode contar uma história em que seja o herói até descobrir que não é ou que algum ato de heroísmo real será exigido de você. Uma das dádivas mais estranhas da vida é que as histórias que contamos sobre nós mesmos às vezes podem conter exatamente as sementes do que precisamos no futuro, ainda que não as compreendamos da primeira vez.

Levei catorze anos até o dia de meu acerto de contas mais gentil.

Quando encontrei Cohibas novamente, eu estava oferecendo uma

CAPÍTULO 4

pequena palestra em uma igreja na Carolina do Norte, contando a história de Jean-Marc e as cigarrilhas em Paris para ilustrar meu ponto de vista sobre religião e identidade e relacionamento transacional quando o pastor se levantou e saiu da sala. Tirado do jogo, lutei para suavizar a conversa. O pastor saiu apenas por alguns minutos, e fiquei aliviado ao vê-lo retornar radiante. Ele segurava uma caixa de madeira. Subiu ao palco, me agradeceu, entregou-me a caixa e disse: "Acho que são seus".

Um amigo seu havia estado em Cuba na semana anterior e voltou com um presente: uma linda caixa de madeira com três charutos Cohiba. Eles haviam viajado quase uma década e meia pelo oceano, espalhando-se generosamente às proporções churchillianas, para me encontrar em uma igreja em uma parte do país que eu estava adotando, apenas para que eu pudesse ser atingido por este raio: Estou vivendo uma história em andamento.

Estamos *todos* vivendo uma história em andamento.

Nossa identidade é formada e reformada conforme construímos e revisamos a história: a versão que contamos a nós mesmos, a versão que contamos aos outros, a versão que tememos ser verdadeira e a versão que desejamos. A maneira como recebemos e mantemos nossas memórias é a base da história. Prestando certa atenção e trabalhando para reestruturar nossas memórias, podemos alterar esse alicerce, refazendo-o para nossa própria cura.

A primeira maneira como enquadrei a história de Paris e de Jean--Marc e das cigarrilhas Cohiba foi no verão de 1997. Mas, catorze anos depois, as mesmas cigarrilhas — tanto em marca quanto em número — e eu chegamos ao mesmo lugar, ao mesmo tempo, e a história mudou para sempre. Ainda é uma história por meio da qual aprendi que outras pessoas criam relacionamentos transacionais, e não aqueles baseados no amor.

Mas esse não é o cerne da história. O cerne da história é um propósito das próprias histórias. E o propósito é este: você nunca sabe quando uma história acaba, especialmente se você está nela.

VOCÊ NÃO SABE O FIM DA HISTÓRIA

DOIS ANOS DEPOIS do episódio dos charutos, um amigo sugeriu que eu ainda estava *perdendo* o propósito. Ao ouvi-lo, vi que essa história passou a significar algo tão profundo que, se não fosse verdade, eu a consideraria um texto ruim. Meu amigo me disse que, sim, é bom tentar nos livrar do pensamento paternalista e sectário que nos leva a tratar as pessoas como Outro; é bom ir além da transação e entrar no relacionamento. Claro, é ótimo podermos reinterpretar essas histórias, especialmente porque nossas identidades são moldadas pelas histórias que contamos. Principalmente porque nunca saberemos quando uma história acaba. Sobretudo se estivermos nela. De fato é uma semente para a cura da raça humana — para não mencionar o planeta — aprender que sofremos quando acreditamos que nossos pensamentos estão escritos na pedra — ou até mesmo são a própria pedra. No entanto, nenhum de nossos pensamentos é imutável, e todas as nossas histórias podem ser contadas de novo, a cada dia, enfrentando nossa dor com curiosidade, às vezes transformando nosso sofrimento em admiração.

Sim, essas lições são brilhantes, e como é adorável ter uma pequena história para contar em que parte é divertida, parte *páthos*, e ilustra noções libertadoras. Mesmo assim, meu amigo disse que eu estava perdendo o propósito.

— Dezesseis anos atrás, algo aconteceu com você que todos desejam que aconteça com eles — disse ele. — É o arquétipo do romance. É algo que as pessoas fantasiam, mas não acreditam que possam de fato ter. E você não só conseguiu ter, mas por dezesseis anos nem percebeu.

Ainda não estava entendendo, então perguntei a ele:

— O que estou perdendo?

— É simples — disse ele. — Você foi beijado por um belo estranho sob a Torre Eiffel.

CAPÍTULO 4

PENSEI SOBRE JEAN-MARC muitas vezes nos mais de vinte anos desde que nos conhecemos. É claro que não sei onde ele está, como está ou mesmo se ainda está vivo. Sou grato pelo que ele me ajudou a aprender. Depois de contar e recontar a história de nosso encontro em uma agradável noite parisiense, descobri pelo menos três verdades:

Você nunca sabe quando uma história acaba, especialmente se estiver nela.

Você nunca sabe realmente do que se trata a história, mesmo se for o protagonista.

Você pode não saber o sentido de uma história, mesmo que seja você quem a estiver contando.

Se você estiver passando por tempos difíceis, pode ser reconfortante lembrar de tempos difíceis passados, quando sua ideia de que não ia conseguir se recuperar no final estava errada. Um aparente beco sem saída escondia, ao fim, uma porta. E se você não tem certeza do propósito de uma história, mesmo que seja você quem a estiver contando, saiba que existem infinitas possibilidades de reformular sua vida e se libertar de velhos paradigmas do medo, imaginando uma maneira diferente de entender e contar sua própria história.

Sempre há mais coisas acontecendo do que imaginamos — e se você estiver desesperado com o fracasso nas tentativas de "consertar" seu medo, considere o seguinte: não está certo dizer que tentamos de tudo e nada funcionou, pois nenhum de nós possivelmente saberia o que quer dizer tentar de tudo. Aceitar o fato de que não sabemos tudo é uma forma de ajudar a aliviar o medo. Portanto, no esforço de expandir suas próprias possibilidades, não brinque apenas com o *final* de sua história; experimente com todo o *elenco*. Você está realmente no centro de todas as histórias de medo que conta a si mesmo? Você é o herói — ou a vítima — de todas as histórias que conta? Mesmo? Essa resposta pode parecer

VOCÊ NÃO SABE O FIM DA HISTÓRIA

natural e totalmente óbvia, mas não tenho mais tanta certeza disso. Porém vou lhe contar algo de que estou certo: não sou o protagonista da história de Jean-Marc.

Quando o místico italiano São Francisco beijou um homem que sofria de lepra em vez de rejeitá-lo, todo um ramo da teologia e da prática cristã avançou. Francisco se tornou um ícone para as pessoas que buscam servir aos mais marginalizados, e isso, claro, é maravilhoso. Todo o respeito ao Irmão Francisco.

Mas nunca ouvimos o que aconteceu com o homem com hanseníase que ele beijou. Ele foi deixado à beira da estrada, um ponto de partida para a revelação na vida de Francisco e uma imagem do sermão que já dura quase um milênio. Mas como meu marido, Brian, diz: "O que há para o leproso?".

O quê, de fato? É um belo chacoalhão considerar que, nessa história, eu posso realmente ser o leproso em vez de São Francisco. Ou posso ser São Francisco, mas com um sério problema de ego. Em qualquer caso, posso nem ser o protagonista.

Isso tem implicações tremendas em como sentimos o medo. Se nunca sabemos quando uma história acaba, especialmente quando estamos nela, não podemos afirmar que nossos medos darão a cartada final. Sempre podemos ter uma surpresa.

É uma boa ideia manter nossas histórias de medo superficialmente. Sacuda-as de vez em quando, como se fossem toalhas de praia impregnadas de areia. Vire-as de cabeça para baixo, olhe para elas de um ângulo diferente. Mesmo que as histórias que contamos sejam verdadeiras e úteis, sempre podem ser ajustadas. Por outro lado, se não forem tão reais e úteis, poderão se beneficiar de uma revisão completa.

Portanto, não vamos supor que sabemos o significado até mesmo das histórias que mais valorizamos. A verdade é que nunca saberemos o que outras pessoas realmente pensaram ou pensam de nós, o verdadeiro impacto de nossas ações ou omissões, o que está por vir, se ainda temos

CAPÍTULO 4

cinquenta anos ou dez minutos de vida. Descansar sobre o fato de que não temos resposta para tudo é um tremendo alívio para as exaustivas tentativas de controlar o mundo.

Se eu não for o protagonista, meu ego não terá mais que carregar o fardo de estar no centro da história. Mas quem ou o que é o protagonista? E, se de fato existe uma história melhor com um propósito melhor, como posso encontrá-la?

UM CONVITE PARA DAR NOME A SUAS HISTÓRIAS

NÃO PODEMOS MUDAR nossas histórias se não soubermos quais são. Moldar a história que contamos sobre nossa vida é uma das coisas mais importantes que fazemos, mas geralmente o fazemos inconscientemente. Em geral, tomamos os "fatos" como certos e não questionamos o contexto nem pensamos em alternativas. Se a sua história está matando você, envenenando outras pessoas, mantendo-o refém dos sonhos ou pesadelos de outra pessoa, ou simplesmente o *impede* de viver o seu eu mais verdadeiro, considere intervir.

Você pode se sentar em silêncio por dez minutos e começar a explorar os elementos da história que conta a si mesmo — algumas perguntas podem ajudar:

- Qual é a história que conta a si mesmo sobre quem você é, o que importa na sua vida, o que lhe aconteceu ou o que você fez em resposta? Sobre suas esperanças, sonhos, feridas, reclamações? Escreva ou esboce as respostas que surgirem.
- Que histórias ouviu sobre você? Sobre sua família? Sobre sua nação? Sobre quem são os "mocinhos" e os "bandidos"? Sobre o que você deve esperar da vida?
- Questione essas histórias, um ponto de cada vez. É verdade?

VOCÊ NÃO SABE O FIM DA HISTÓRIA

Isso é útil? Existe uma versão mais verdadeira ou útil dessa história?

- Se pudesse mudar a história que você conta sobre você — passado, presente e futuro — e ainda contar a verdade, quem poderia se tornar?

capítulo 5

sua história pode ser um abrigo

> Há algo em cada um de nós que espera e ouve o som da verdade em vocês. É o único *verdadeiro* guia que você terá. E, se não consegue ouvi-lo, passará toda a vida se equilibrando nas cordas que as outras pessoas seguram.
>
> —Howard Thurman

UMA VEZ PARTICIPEI com mais quarenta pessoas de uma caminhada em uma montanha a oeste da Irlanda sob uma chuva torrencial. Quando chegamos ao topo, todos se espremeram em um abrigo de pedra, e, enquanto descansávamos lá, contei uma história. Antes de chegarmos ao abrigo, estávamos cansados, molhados, com frio e irritados, talvez até com medo de nunca chegarmos aonde queríamos. Analisando agora, no entanto, vejo que o abrigo não apenas nos tirou do sofrimento da chuva, mas mudou a maneira como pensávamos sobre a montanha.

Isto é o que os abrigos fazem: eles aliviam nossos fardos e reenquadram as perspectivas. Quando você sobe uma montanha a céu aberto, pode achar erroneamente que é seu trabalho sustentar os céus. Mas um pouco de telhado de pedra sobre você é mais do que o suficiente para lhe tirar essa ideia.

Grandes filósofos e professores espirituais sempre afirmaram que a

SUA HISTÓRIA PODE SER UM ABRIGO

forma *como* enxergamos as coisas determina *aquilo* que vemos. A história que contamos a nós mesmos é mais poderosa do que aquilo que acontece conosco. Eu tenho uma história, e você tem uma história, mas às vezes são *as histórias que nos têm*. Sua história pode ser seu abrigo ou sua prisão.

As histórias podem nos prender a mentiras sobre quem somos e o que podemos esperar, ou elas podem nos servir de abrigo, permitindo uma ampla reinterpretação de nós mesmos. Se lutar, fugir e paralisar fossem de fato as três únicas opções diante do medo, nossa história poderia parecer uma sentença de prisão perpétua. Felizmente, cada um de nós tem acesso a um perdão permanente: o quarto caminho é a aventura de libertar nosso prisioneiro interior.

CONHECI O POETA, teólogo e filósofo John O'Donohue após uma palestra sobre o amor como o único antídoto para o medo. John teceu contos sobre o extraordinário permeando o comum, e sua apresentação me fez pensar em como, em uma cultura que dedica mais tempo à desconfiança do que à admiração, a tarefa mais importante é cultivar a capacidade de amar a si mesmo primeiro. Quando o conheci, descobri um intelecto ímpar e um dom para gargalhar tão alto que quase poderia abafar o barulho de aviões, e tão afetuoso que poderia ajudar a banir de minha alma a sombra da depressão mais profunda.

E então, um dia, meu telefone tocou e minha vida deu uma guinada. John me convidou para dirigir um micro-ônibus em sua excursão anual pelo oeste da Irlanda, uma extravagância existencial de onze dias com peregrinos vagando pelo Burren e pelo terreno da própria alma. Nossa base era em uma pequena vila no condado de Clare, onde o porto imita as boas-vindas de um receptáculo acolhida uterina de amor divino, ao qual o trabalho de John foi um convite persuasivo. Eu já sabia dessa viagem havia alguns anos e a invejei porque sabia que não poderia

CAPÍTULO 5

pagar por ela. Mas lá estava eu, para minha frequente surpresa, recebendo um convite inesperado exatamente para aquilo que pensei que nunca poderia fazer. A resposta foi um fácil *sim*.

Antes de começar o retiro de John, posso ter sido inteligente o suficiente para saber que eu sou um ser humano, mas ainda não havia começado a avaliar a gravidade do que significa isso. Às vezes, preciso de alguém mais habilidoso do que eu para me ensinar o que já sei. Às vezes, preciso imaginar o que alguém mais sábio do que eu faria para depois fazer a mesma coisa. John era mais sábio do que eu.

Na época em que conheci John, eu já sabia bem como era viver na sombra. Eu poderia me viciar em açúcar ou na internet, caindo em uma espiral de medo ou inveja (que é um próprio tipo de medo) que me deixava mais preocupado com a última guerra civil ou com o divórcio de uma celebridade do que com minha própria saúde, ou em ter coragem ou em fazer algo bom.

Eu poderia mergulhar no cinismo, ser magnetizado por uma raiva equivocada, achar que o mundo inteiro é minha preocupação pessoal, concentrar minhas atenções nos erros dos outros, experimentar a catarse vazia de um comentário no Facebook — e, no final, não faria exatamente nada sobre o que me preocupou em primeiro lugar. Tão grande era o sofrimento de outras pessoas que suas histórias se infiltravam em meus limites altamente permeáveis. Eu permiti que a ênfase exagerada da mídia no espetáculo fragilizado se tornasse, nas palavras de John, "o espelho, consagrando o que é desagradável como o padrão normal", e muitas vezes fiquei paralisado por isso. Nada de bom viria do fato de saber o número de mortos de qualquer determinada crise global que fosse considerada a mais valiosa das manchetes da noite. Eu mergulharia na feiura controlada editorialmente por pessoas que não conhecia e nas quais talvez não confiasse se as conhecesse e, de alguma forma, veria apenas a mim mesmo. Projetei minha sombra nas histórias contadas pela mídia que, por mais humanos que seus funcionários desejem ser, ainda competem pelos despojos de uma economia dedicada ao medo e à escassez. Eu havia comprado a mentira de que sempre preciso saber das "novidades" ou minha vida não seria completa.

John rebateria, dizendo que mesmo os mais solitários, medrosos e deprimidos podem ver — ou *precisam* ver — a beleza. Na verdade, é quando estamos mais sozinhos, com medo e deprimidos que provamos a eficácia da beleza como antídoto para a morte.

Eu pensaria: "É tudo sobre mim". John diria: "Sim, mas talvez não da maneira como pensa". Eu me pergunto se ele estava pensando nisso quando chegamos ao topo da montanha, antes de me fazer um convite que eu não poderia recusar: entrar em uma nova história. Uma história que me fez ver o mundo com novos olhos.

O CAMINHO DA MONTANHA é chamado Máméan, nas montanhas Maamturk de Connemara. O nome significa "Passagem dos pássaros", e os historiadores dizem que é um local de peregrinação desde o século V. Máméan acaba perto de um povoado chamado Maam Cross, onde há um pub que, conforme contou meu amigo Denis, é o local de uma elegante piada sobre René Descartes, de tomar uma segunda caneca de Guinness e de limitações nas crenças das próprias ideias. Se você e eu chegarmos até Maam juntos, vou lhe contar essa piada. Naquele momento, estávamos na base da montanha. Olhamos para cima. Na ausência de helicópteros ou da máquina teletransporte de *Jornada nas estrelas*, inventei o que deveria ser um antigo provérbio irlandês: *A jornada até o topo de uma montanha começa com um "Deus misericordioso, está falando sério?".*

Deus estava, eu acho, e nós também, então partimos, atravessando campos acidentados e esburacados. Isso significava que, a cada sete passos mais ou menos, alguém tropeçava e tínhamos de nos recompor

CAPÍTULO 5

— reequilibrar-se depois de uma queda é um dos milagres dos seres humanos e uma das lições que aprendi nessa montanha mágica.

O primeiro trecho terminou quando chegamos à água: um riacho largo o bastante que conseguiríamos atravessar a pé. Havia pedras suficientes na água para que começássemos um jogo de acertar em qual pisar. John caminhou até o meio do riacho e parou em uma grande pedra, convidando-nos um a um a nos juntar a ele ali, onde pronunciou uma bênção para a caminhada e bateu levemente no ombro para selar o acordo. Esse era John no seu estado mais brincalhão. Bênçãos, para ele, não eram palavras enferrujadas e oficiais — proferidas apenas formalmente e em ocasiões de extrema seriedade por homens vestidos com mantos. Não, bênçãos eram palavras de vida a serem ditas na amorosa materialização do que ele chamava, de acordo com o título de um de seus livros, de "o espaço entre nós". Uma verdadeira bênção é um ato de criação, preenchendo o que antes era um vazio metafísico, como a água desperta uma esponja seca.

Assim, as bênçãos foram proferidas, os ombros receberam leves tapinhas e os peregrinos atravessaram o rio. A metáfora do batismo — morrer para o passado, ser revigorado e purificado e ressuscitar para uma nova vida — não foi acidental, nem foi eclesiasticamente relacionada: todos eram bem-vindos, e não importava qual era a sua tradição de fé ou se tinham uma. A única qualificação para essa caminhada era estar aberto para a luz.

––––––––––

QUANDO VOCÊ ENCONTRA a liberdade, as possibilidades vêm ao seu encontro, diria John. Essas são palavras perigosas quando desapegadas da responsabilidade, embora sejam firmes e libertadoras, quando a liberdade é mais importante do que dinheiro, *status* ou o querer agradar os outros. Quando a travessia de um rio é acompanhada pela bênção de

SUA HISTÓRIA PODE SER UM ABRIGO

um sábio sacerdote celta, mesmo uma alma tão incerta quanto a minha reconhece que pode de fato ser hora de atingir a liberdade.

Então, subimos a montanha. Esse retiro, repleto de ocasiões raras como risadas sagradas e silêncio coletivo, também foi surpreendido por um clima excepcionalmente bom. E, quando digo excepcionalmente, quero dizer que estamos falando da *Irlanda*. Fomos os felizes escolhidos para os dez dias mais quentes de que consigo me lembrar. Todas as manhãs, o sol cortava o céu; a grama se aquecia para uma aula de ioga matinal. Um de nós acendeu o fogo na base do acampamento, mas foi mais por hábito ou para invocar a autenticidade de uma fogueira, já que não havia necessidade de seus poderes para acalentar a temperatura. Ao meio-dia estaríamos caminhando, encantados, protegidos e seduzidos pela paisagem e pelo calor do céu que havia decidido brilhar sobre nós. Acostumamo-nos com essa onda de calor irlandesa, por isso, no dia em que fomos a Mámèan, esperávamos mais um dia quente. Quando você atinge a liberdade, as possibilidades vêm ao seu encontro, não é?

No entanto, a liberdade ficou molhada. Mais ou menos na metade da montanha, o sol desapareceu de repente atrás de nuvens cinzentas do tipo que, quando surgem nos filmes, parecem clichês. Rapidamente esfriou e formou-se um vento que parecia querer compensar o tempo perdido durante o clima agradável da semana anterior. E então a chuva. Ela vinha lateralmente, como pequenos dardos, beliscando o rosto. Os óculos protegeram meus olhos, mas logo embaçaram. E o caminho ficou ainda mais acidentado, pois agora tínhamos que observar onde colocá-vamos os pés para não cair em um buraco escondido.

A mente vagueia nesses lugares e nesse clima. Nesse dia e naquele local, a minha divagou para algo maravilhoso. Mestre Eckhart, o místico alemão do século XIII, escreveu que "os olhos com os quais vejo Deus são os mesmos olhos através dos quais Deus me vê". Aí está de novo: *como* você enxerga as coisas determina *o que* você vê. Você pode estar no meio

77

CAPÍTULO 5

da montanha, pelo amor de Deus!, e não dar atenção a pensamentos ancestrais, milagrosos ou belos. Você só pode ficar chateado com a chuva. A chuva não importa, é claro, e a chuva em Máméan continuava caindo, implacavelmente. E eu estava chateado.

Depois do que pareceram várias horas confusas em Máméan, precisávamos que algo mudasse. Estava muito frio, dissemos. Nossos rostos pareciam estar sendo atingidos por água disparada de um canhão, dissemos — um canhão escondido em uma caverna secreta na montanha, nas mãos de uma linhagem especialmente cruel de duendes.

Voltar a mente para um dos estereótipos mais absurdos do irlandês era o sinal de que algo precisava mudar. Precisávamos parar. Precisávamos de um abrigo.

O ABRIGO EM Máméan é na verdade uma espécie de capela, construída perto de um dos poços sagrados de São Patrício — locais de peregrinação, restauração e justiça, onde a água subterrânea não apenas era uma metáfora para a vida, mas poderia ajudar literalmente a mantê-la. Houve momentos na história da Irlanda em que o povo não tinha permissão legal para praticar a religião — o que, falemos a verdade, é outra maneira de dizer que houve momentos na história da Irlanda em que as autoridades coloniais tentaram impedir o povo de amar. Isso não pode acontecer, é claro, daí um pouco de destreza pode ter sido necessária por parte dos oprimidos.

Os poços sagrados às vezes se tornavam locais de resistência política, onde as pessoas se reuniam para validar sua comunhão. Também eram lugares onde o trabalho de cura interior podia ser registrado, muitas vezes por meio de uma pedra que era deixada perto do poço como um símbolo de tristeza ou vergonha que o peregrino queria deixar para trás. Pode ser que São Patrício tenha caminhado na região de Maamturk, relaxado perto de Máméan, até ter tocado em algum poço. Ou não, mas isso realmente não importa.

E, quando falo em São Patrício, quero me referir ao Patrício que eu escolho, não aquele que uma vez por ano dá a Chicago uma desculpa para tingir o rio de verde, ou a qualquer pessoa com um tataravô nativo a usar chapéus grandes, ou a toda a população ruiva da América a ser beijada por estranhos. Patrício tem narrativas surpreendentemente inspiradoras que afetariam a crença até mesmo daqueles que acreditam que Meu Pequeno Pônei é real. Muito do que as pessoas acham que sabem a respeito de Patrício não é verdade. Não havia cobras. Ele não escreveu nada sobre trevos-de-quatro-folhas. Ele nem mesmo era irlandês.

Mas fez algo que garante, no mínimo, um desfile anual, se não a santidade religiosa e cultural. Em uma época em que os outros nos viam, aos irlandeses, como alvos de pilhagem ou para a servidão, na melhor das hipóteses, Patrício foi o primeiro forasteiro a nos chamar de *seres humanos*. Não primitivos, nem retrógrados ou inferiores. A principal característica de Patrício, para mim, não é tanto que ele converteu a Irlanda à religião cristã, mas que ele nos considerou dignos de ser amados em primeiro lugar. Essa impressionante ruptura com a tradição opressora é ainda mais extraordinária quando ouvimos a história de que Patrício conheceu a Irlanda porque foi sequestrado e mantido prisioneiro no país por seis anos. Depois de escapar, retornou mais tarde ao local onde fora oprimido para amar as pessoas de lá. É possível imaginar isso? Que tipo de história Patrício deve ter se permitido tecer até curá-lo a ponto de poder se virar e enfrentar seu medo — e não apenas isso, mas mostrar compaixão pelo lugar onde havia sido perseguido? Rejeitar a história prevalecente do atraso irlandês, da inutilidade irlandesa e substituí-la pela *santidade* irlandesa? Existe algo em sua vida em que você poderia usar o direcionamento de Patrício?

CAPÍTULO 5

ESTAMOS NO TOPO agora. E lá estava: perto do poço de São Patrício, um altar de pedra em uma plataforma de pedra com um arco de pedra formando um teto, fechado em três lados e aberto na frente, evocando a entrada natural de uma caverna nas rochas à esquerda. Sua aparência poderia lembrar *hobbits*, espadas mágicas e o cara que na verdade nunca expulsou as cobras da Irlanda.

A chuva ainda atingia nosso rosto. E o vento ainda ameaçava nos jogar colina abaixo. Algumas pessoas deram o que achavam ser um passo à frente, porém foram levadas por seu paraquedas de capa de chuva a um passo ou dois de onde haviam começado. Mas ninguém iria voltar. Conseguimos avistar o abrigo.

Sozinhos, em duplas ou em grupos, chegamos; John conduziu cada um rapidamente. Em outros dias, teria havido um padre no altar, e os peregrinos teriam que ficar de pé ou sentar-se nas pedras em frente. Nos dias de forte chuva, essa cerimônia não é necessária. Quarenta e um de nós estávamos espremidos atrás da mesa de pedra, contra as paredes de pedra, sob o teto de pedra, em pé sobre o chão de pedra. Como nos amontoamos antes, éramos agora hábeis nisso, sardinhas humanas enlatadas na montanha Connemara, protegidas da chuva.

E agora preso, suado e gelado. Vivo, grato — o que vem a seguir? John falou:

— Gareth, você vai nos contar a história sobre a destilaria da Jack Daniel's e o guia turístico engraçado? Isso vai nos animar.

Mesmo que não estivéssemos mais na chuva, no dia seguinte teríamos que enfrentar dores nas costas e pés cansados. Mas o privilégio de nos preocuparmos com essas coisas ainda tinha de lutar com a questão mais poderosa que os seres humanos receberam.

A história.

Nada pode derrotar uma história. Depois que uma ideia se firma, ela não pode ser apagada: só é possível substituí-la por outra mais forte.

SUA HISTÓRIA PODE SER UM ABRIGO

E espero que melhor. Então, no dia em que a primeira história era de chuva e frio e vento e medo, desenrolei uma nova história: sobre um guia turístico divertido que eu havia conhecido uma década antes em uma destilaria de uísque a vários milhares de quilômetros de distância e que contara um caso sobre dinheiro, poder, família, amor, fermentação, segurança, tristeza e sobre uma lição aprendida. Isso *nos animou*.

Durante a narrativa, a chuva não diminuiu nem uma gota. Ao contá--la, o vento assobiou tão alto quanto antes. O termômetro não subiu um grau sequer. Mas nos animou.

———————

A IDEIA SURGIU para mim somente depois que descemos a montanha, depois que o retiro terminou e até mesmo depois que John morreu repentinamente; sua travessia ocorreu apenas sete meses depois de nosso esforço no Máméan. A onda de tristeza diminuía e fluía conforme aprofundava minha gratidão pelo que havia aprendido com ele. A terra do condado de Clare e as montanhas e os limites do mar ali testemunharam muitas buscas místicas. Partimos nessas jornadas para encontrar lições que podem não fazer sentido até que nos sirvam mais tarde. Depois que os intrincados detalhes da memória de uma jornada como essa — uma memória sagrada — se desvanecem, às vezes permanece uma força pura e simples. E, eventualmente, essa força pode ter voz. Portanto, não num piscar de olhos, mas ao longo de anos lutando contra o medo, finalmente entendi que as metáforas que usamos para enfrentar o medo são inadequadas.

Falamos de *combater* o medo, ou *lutar* contra ele, ou *curá-lo* ou, como acabei de fazer, *enfrentá-lo*. Mas os abrigos não combatem, nem lutam, nem curam, nem enfrentam. Abrigos *abrigam*.

Quando cheguei a Máméan, eu queria trabalhar pela paz, tentava amar as outras pessoas e fazê-las rir, mas internamente vivia sempre à beira do medo debilitante. No topo da montanha, comecei a descobrir

CAPÍTULO 5

que o melhor que poderia fazer com o medo era construir um abrigo: um abrigo para histórias.

Meu abrigo para histórias não faria o medo desaparecer. Mas, nele, poderia aprender algo melhor do que magia ilusória e poderia decidir passar o resto da vida descobrindo que isso se tornaria realidade.

Tudo o que compartilhei até agora mostra que as histórias nos moldam e que podemos escolher se escrevemos a história de nossa vida como prisioneiros ou como artistas. Na parte 2, veremos os sete medos mais comuns e os sacudiremos, como aquela toalha de praia cheia de areia. Vamos dar uma boa sacudida neles e reorientá-los. Com sorte, começaremos a ver o que vale a pena manter e o que é melhor deixar ir embora no vento. Não precisamos ter medo de perder acidentalmente coisas de que precisamos, pois, quando o amor é o protagonista, nada de verdadeiro pode ser apagado.

Não acredite apenas na minha palavra. Você pode testar isso em seu próprio abrigo, que é algo que você em parte descobre e em parte constrói, que parcialmente o faz com a ajuda de outras pessoas e parcialmente por conta própria. Darei algumas instruções para descobrir e construir abrigos nos próximos capítulos. Poucas coisas são mais importantes, e aqui está o porquê.

Em Máméan, pegamos um clima terrível. Mas isso não nos matou. Estávamos protegidos. E, no abrigo, tive a experiência inusitada de ouvir minha própria voz contar uma história que provocou o que só pode ser chamado de *poderosos* risos — do tipo que o conecta não apenas aos outros, mas também a você mesmo, rompendo os limites calcificados do ceticismo e da desesperança. Aqueles risos foram risos de quem, por um momento, fica tão dominado pela alegria de se ver e ser visto que por um breve momento pode não conseguir respirar. Esse riso pode irromper e ajudá-lo a se tornar o mais poderoso agente de cura que sua vida jamais conhecerá: seu próprio melhor amigo.

É o abrigo de ser seu melhor amigo que fará por você o que seu medo mais teme. Não é uma batalha. É um convite para algo novo e talvez até mesmo algo que soe antitético a tudo o que você já ouviu sobre como lidar com o medo. Entre em seu próprio abrigo de histórias e comece a aprender uma nova maneira de ser. Pare de tentar lutar contra o medo.

Porque um abrigo não vence a chuva. E um abrigo não discute com a chuva. E um abrigo não sente necessidade de discutir com a chuva, ou de lutar com a chuva, ou de vencê-la.

Simplesmente torna a chuva irrelevante.

Um convite para identificar seus medos

AQUI ESTÁ UM simples exercício que pode ser feito em meia hora. Experimente ficar sentado em uma cadeira por dez minutos — ou o tempo que for necessário. Pergunte a si mesmo: "Do que exatamente tenho medo?". Continue se perguntando até que uma resposta satisfatória surja. Escreva ou esboce seus pensamentos.

Coloque outra cadeira à sua frente e visualize o que o assusta. Imagine esse medo como se fosse uma pessoa, descreva-a em detalhes e talvez até dê um nome a ela.

Saia de seu padrão usual de relacionamento com esse medo. Imagine-se como pai ou professor, talvez até amigo. Lembre-se de que não se trata de uma pessoa real, apenas uma personificação imaginária do medo. E você não é realmente seu pai, professor ou amigo; você está apenas imaginando como seria ter mais poder do que seu medo. Que você é maior do que ele.

Um dos *koans* zen-budistas ensina que, por trás de toda raiva violenta, vergonha e desconexão, estão o medo e a tristeza. Nós nos enfurecemos, humilhamos (ou nos sentimos humilhados) e nos afastamos

CAPÍTULO 5

porque temos medo de perder algo importante para nós ou porque lamentamos a experiência de ter perdido algo no passado. Por trás desse medo e dessa tristeza está um profundo cuidado — pelo nosso bem-estar, pelo de nossos entes queridos e do mundo. Mas muitas vezes não aprendemos a expressar esse carinho sem causar mais sofrimento. Nós nos enfurecemos, humilhamos e nos afastamos porque não sabemos amar.

Portanto, enquanto pensa no medo personificado, permita-se imaginar as feridas e os medos que tal pessoa pode ter experimentado e se transformaram nessa presença assustadora para você. O que ela teme perder ou já perdeu? Com o que ela se preocupa que você pode ter empatia? Como você pode manter limites saudáveis com ela, mas também amá-la, ajudá-la, fazer-lhe companhia quando estiver sozinha? Novamente, escreva ou esboce o que lhe surgir. Mantenha essas notas ou esboços à mão ao continuar esta jornada.

parte 2

capítulo 6

medo de
ficar sozinho

Eu sou o que sou por causa do que
todos nós somos.

—Leymah Gbowee*

NEM TODOS OS que divagam estão perdidos, é o que dizem, e na maioria das vezes é verdade. Na rotatória de Tillysburn, no inverno de 1987, quando eu tinha 12 anos, não era verdade.

A rotatória de Tillysburn fica no cruzamento da minha cidade natal com a entrada a leste de Belfast. Você pode chegar a ela por três caminhos: a pequena estrada de acesso de Strandtown, a via de mão dupla de Holywood e pelo Sydenham Bypass. Ela foi modernizada desde minha infância, mas, naquela época, era realmente uma rotatória — uma daquelas partes estranhas do sistema rodoviário britânico-irlandês nas quais os americanos não conseguem trafegar. Foi projetada de forma brilhante, conectando as três vias arteriais acima do solo e com uma passagem subterrânea para ciclistas e pedestres, com três saídas provenientes do círculo central. Era como um daqueles adaptadores que conectam mais de um plugue na mesma tomada.

---

* Gbowee estava descrevendo o *ubuntu*, um conceito de coletividade e cuidado mútuo com raízes na África do Sul. A filosofia foi apresentada de várias maneiras e talvez tenha sido mais popularizada pelo arcebispo Desmond Tutu na teologia ubuntu.

MEDO DE FICAR SOZINHO

Foi provavelmente a maior obra de engenharia estrutural que conheci antes que o cessar-fogo desse lugar à rápida *gentrificação*, shopping *"centrificação"* e *"envidrificação"* dos escritórios na cidade.* Duas ou três vezes por semana em minha infância, passávamos por Tillysburn, o que nos proporcionava o caminho mais rápido para o entretenimento na cidade ou para um bolo na casa da avó. Mas, quando meu pai me perguntou se eu queria ir de bicicleta até a cidade, fiquei ansioso.

De bicicleta, eu teria que descer a colina desde nossa casa (emocionante); depois eu teria que pedalar alguns quilômetros pela ciclovia (cansativo, mas necessário); e então pela Tillysburn. E, depois de Tillysburn, haveria vovó, e chocolate, e vovô, e uma moeda de uma libra na palma da minha mão. A barganha parecia profana, mas sempre valia a pena.

Então papai e eu subimos em nossas bicicletas, descemos a colina e depois pegamos estrada acima. Cerca de vinte minutos depois, lá estava: o Godzilla dos sistemas de controle de tráfego rodoviário. Em *Autobiografia do vermelho: Um romance em versos*, a poeta Anne Carson descreve como um prédio escolar parece a uma criança tímida parada ao lado da "Porta Principal" que assoma como o portão do inferno, atrás do qual estão "cento e sessenta quilômetros de túneis de trovoadas e um céu interno de neon arrombado por gigantes". Tillysburn era diferente porque não havia neon, mas havia túneis — e, se não eram gigantes, o fato de estarem embaixo de uma estrada evocava em mim um medo latente de trolls até então. Eu não sabia muito sobre trolls na época, mas tinha certeza de que eles deveriam estar no sopé da colina.

Papai voou para dentro da passagem subterrânea, zunindo pela rampa... O quê? Eu nunca tinha estado no subterrâneo do Tillysburn, então aí vem o primeiro medo: o desconhecido. Parei no topo da rampa,

---

* Belfast ainda é adorável, e, quando os tomadores de decisão definem um lugar como bom para morar ou visitar com base naquilo que leva ao florescimento humano e ao bom controle do ecossistema, ela se torna ainda mais adorável.

CAPÍTULO 6

mas o barulho dos carros perto de mim me assustou o suficiente para me empurrar para dentro.

Papai não estava em lugar nenhum. Desci a rampa para uma terra de ninguém, e meu protetor havia desaparecido. Segundo medo: estar perdido.

Travei na base da rampa e pude ver onde estava. O núcleo oco da rotatória; um círculo de concreto de onde partem três saídas. Havia um pouco de grama e ervas daninhas crescendo nas fendas do concreto, não o suficiente para que fosse chamado de selva, mas o bastante para inspirar a sensação de que estava ali há muito tempo. Terceiro medo: nunca sair dali.

As três saídas levavam a túneis, que estavam escuros e, claro, reforçavam o terror que agora enrijecia a pele do meu rosto e queimava a parte inferior de minhas pernas. Parecia que eu estava dentro de um vulcão, do qual a única saída seria correr pelo tipo de caverna escura em que Indiana Jones geralmente termina.

Em minha memória, as três estradas de acesso acima de mim estavam sobrecarregadas de veículos: centenas de carros se amontoando como uma casa mal-assombrada — um mix de rali e *monster truck*. Pelo que lembrava, o dia estava frio e cinzento, o vento beliscava meus braços nus e meu rosto. Na verdade, provavelmente deve ter sido um dia de trânsito normal e imagino que o tempo também estivesse bom.

Eu não sabia que caminho seguir. Congelei. Toda a culpa por coisas que já havia feito de errado ou deixara de fazer parecia surgir em meu corpo. Senti que não era nada. Não conseguia nem mesmo encontrar o caminho para sair de uma rotatória. Sentia frio.

Comecei a chorar.

Essa é a sensação de estar sozinho. A solidão atrai os tipos de medo mais frios. Na verdade, a solidão pode realmente ser um elemento em *todo* medo: a fantasia de estar totalmente sem suporte como um dos fatores necessários para tornar o medo mais eficaz.

MEDO DE FICAR SOZINHO

A boa notícia é que, se você aprender a ter empatia com sua própria solidão e com seu medo de ficar sozinho, poderá aprender a driblar melhor todos os outros medos de sua vida. A bênção, como sempre, está na luta. E quem lutou contra a solidão e o medo de ficar sozinho sabe uma coisa que as outras pessoas não sabem: o medo de ficar sozinho não é sobre a solidão em si, mas sobre o impacto dela. O que faremos quando estivermos sozinhos? O que usaremos para nos proteger? Quem nos dirá se está tudo bem — ou nos ajudará a melhorar quando não estiver? Quem vai nos amar?

Meu pai estava do outro lado da rotatória, e eu tinha medo. Talvez ele estivesse bravo comigo por demorar tanto, ameaça que agora aumentava meu medo e tornava ainda mais difícil pensar com clareza. Eu estava chorando e me sentia mal. Tinha tanto medo que não conseguia me mover.

E este é o efeito mais traiçoeiro do medo de ficar sozinho: quando ele se torna uma profecia que se autorrealiza. O medo se torna tóxico, endurecendo seu corpo até a imobilidade. Queremos continuar, mas achamos que não podemos. Então ficamos parados, como se tivéssemos sido atingidos pela lava como os pobres coitados de Pompeia, que nem mesmo souberam o que os atingiu. Enquanto isso, nossa vida se torna o que temíamos: solitária e com medo, e com medo de ficar sozinhos, e cada vez mais sozinhos.

Não estou sozinho porque não sei que saída tomar na rotatória. Estou sozinho porque fui dominado pelo medo de que não haja ninguém do outro lado para me receber — ninguém que me *conheça*. O medo de ficar sozinho pode ser como o medo de ficar invisível, de que ninguém nunca vai me notar. De que morrerei enquanto meus momentos mais depressivos tentam me convencer de que vivi, invisível e desconhecido.

CAPÍTULO 6

CERTA VEZ FUI a um sábio terapeuta chamado Eolath. Na época em que o conheci, tanto seu cabelo quanto sua barba eram quase completamente brancos (eu chamo isso de "aparência de Gandalf bem cuidada"). Ele tinha uma voz ligeiramente fanha e um brilho nos olhos. A primeira vez que me sentei em seu consultório aquecido, notei um saco de pancadas pendurado no teto atrás dele ("Algumas pessoas precisam bater em algo para colocar a raiva para fora"); ursos de pelúcia ("Algumas pessoas gostam de acariciar; outras gostam de arrancar-lhes a cabeça"); e listas telefônicas ("Algumas pessoas precisam de algo mais extenso para copiar"). Ele me perguntou:

— Então, o que sua voz crítica diz quando você está no seus piores momentos?

Fiquei chocado, porque a voz crítica em minha cabeça não era apenas uma voz crítica, mas uma massa crítica, e havia preenchido qualquer espaço para eu ter a humildade de reconhecer que outras pessoas também têm uma voz crítica na cabeça. Além disso, eu não sabia que os terapeutas *sabem* que todos nós temos essas vozes na cabeça e que perguntar sobre a natureza dessas vozes é um ponto óbvio de onde começar.

Não havia nada de especial em minha voz crítica, embora eu a achasse tão distorcida e poderosa quanto Ricardo III (ou pelo menos o som da voz de Laurence Olivier interpretando o ameaçador rei de Shakespeare). Eu respondi:

— Ela diz: "Gareth, você é um fracasso. Você é um perdedor. Seus amigos o toleram em vez de aceitá-lo, você traiu a Deus e vai morrer jovem, provavelmente por suas próprias mãos".

Eolath coçou sua minibarba de Gandalf e sorriu.

— Sua voz crítica é mais articulada do que a minha — disse ele.

Fique atordoado novamente. Ele tinha uma voz crítica também? Que tipo de terapeuta era ele? Por um lado, estava sendo mais aberto comigo do que qualquer terapeuta a que já tinha ido. Por outro lado, certamente os bons terapeutas já haviam dominado sua própria voz crítica. Afinal, ele era realmente bom?

Então perguntei:

— O que sua voz crítica diz?

— Eolath, você é um f#!%, doente e preguiçoso.

Eu não esperava isso. Mas era o que precisava ouvir.

— Quando você ouviu isso pela última vez? — perguntei.

— Oh, cerca de 22h30 de ontem. Eu estava indo para a cama, e meu eu adulto interior disse: "Vá escovar os dentes". Minha criança interior disse: "Não, eu não vou escovar os dentes, f#!%!", e a minha voz crítica disse: "Eolath, você é um f#!% doente e preguiçoso".

Eolath havia lutado contra o medo no início da vida, tinha até mudado de nome por causa disso. Ele contara a uma diretora espiritual sobre seu medo de estar condenado a repetir os erros do pai. Não sei se os erros de seu pai foram dramáticos ou comuns, mas é claro que a rejeição radical e a integração saudável das projeções de nossos pais são ritos de passagem oferecidos a todos, mas aceitos por poucos. Essa diretora espiritual, que era uma freira idosa, o convidou a considerar que há mais coisas acontecendo nos subterrâneos da psique do que a influência de apenas uma pessoa. Sugeriu que ele meditasse sobre um texto gaélico que pode ser entendido como "sabedoria dos pais". Esse texto transmite a ideia de que não apenas temos por pai — e mãe — nossos pais biológicos. Pode, claro, haver algumas sombras horríveis entre nossos ancestrais, mas também há santos em nossa linhagem. Podemos escolher nos nutrir apoiando-nos e aprendendo com a sabedoria dos muitos pais e mães que nos formaram. Um termo gaélico que pode transmitir essa verdade é *eolath*.

A SABEDORIA DOS pais e das mães é que a cura da solidão não reside em saber que saída tomar, mas em *ser conhecido*. "A experiência religiosa

CAPÍTULO 6

essencial é a de que você *é conhecido* para além de se saber qualquer coisa em particular sobre você", escreve Richard Rohr. Acho que ele quis dizer que o verdadeiro conhecimento é uma via de mão dupla entre nós e o divino (ou poder superior, ou universo, ou Deus, ou qualquer que seja o melhor sinônimo para Amor). A maneira de superar o medo de ficar sozinho é fazer amizade com Deus e consigo mesmo.

Finalmente, é claro, consegui sair da passagem subterrânea de Tillysburn; havia apenas quatro saídas, então não seria mesmo uma luta sem fim. Tillysburn cresceu e hoje está bem maior. Tem mais trânsito e as estradas foram alargadas, por isso é melhor renomeá-la como *trevo*, não uma rotatória. Apropriadamente, pois o que precisa acontecer com a nossa solidão é também uma troca: abrir mão de uma maneira de pensar por outra. Não saber qual saída pegar na rotatória não é a questão. Saber não é tão valioso ou vital quanto ser conhecido. Ser conhecido não é algo a ser alcançado, mas *experienciado*. E pode ser experimentado agora mesmo por meio de uma prática que costuma ser chamada de oração, mas é acessível a todos, não importa sua tradição ou sua crença.

Muitas práticas nos ajudam a chegar à oração: meditar, ficar em silêncio, estar na natureza ou em meio à arte, preparar e comer uma refeição feita com alimentos sustentáveis, perguntar o que é exaltante ou jubiloso e se abrir a isso. Qualquer prática que revele amor pode ser considerada oração.

O "Novo Credo" da United Church of Canada começa com estas palavras: "Não estamos sozinhos, vivemos no mundo de Deus". A oração, portanto, não é uma tarefa árdua. A oração é uma forma de comunhão. A oração literalmente nos *lembra* da experiência de não estarmos sozinhos.

O que vai curar sua solidão é sua jornada para se tornar seu próprio melhor amigo. Parece contraintuitivo sugerir que uma maneira de curar a solidão é passar mais tempo sozinho consigo mesmo, eu entendo. Mas muitas curas advêm de fazer o oposto do que parece óbvio. Os místicos sabem que devemos praticar meditação uma hora por dia — a menos que esteja muito ocupado; nesse caso, você deve praticá-la pelo dobro do tempo.

Outra boa prática é escrever uma lista de coisas que você faria para mostrar a alguém que realmente ama e uma lista das coisas que você *não faria* a alguém que realmente ama. Não estou falando de caixas de chocolates ou gentilezas, embora, é claro, possam ser símbolos de afeto bem-vindos. Aqui, me refiro a coisas mais intensas: verdades mais profundas, convites ao silêncio vivificante, permissão para descansar na própria piedade que teria por outra pessoa. Em seguida, escolha colocar em prática *para você mesmo* um item da primeira lista a cada dia. Deixe também que alguns desses itens incluam boas ações para com os outros. A resposta às duas perguntas — como você pode trabalhar pela sua própria solidão e como pode trabalhar pela solidão do mundo — é a mesma. Torne-se seu melhor amigo e será o tipo de pessoa a quem os outros acorrem. Seus limites se tornarão mais saudáveis, seu senso de necessidade se transformará. E, um dia, você poderá olhar no espelho e ver a glória do sol refletida.

A PRIMEIRA FORMA DE NÃO TER MEDO: TORNE-SE AMIGO DO SEU EU MAIS PROFUNDO

EU CHEGO A acreditar que uma das coisas de que todos nós precisamos é que nos tornemos nossos melhores amigos. Pessoas que amam a si mesmas não são apenas maravilhosas de ter por perto; elas também tendem a não começar nenhuma guerra. As pessoas que amam a si mesmas são aquelas que cultivam um relacionamento com o que anteriormente chamei de núcleo abaixo do núcleo — o verdadeiro eu — e vivem a partir desse lugar.

CAPÍTULO 6

A prática mais simples e poderosa que conheço para fazer amizade com seu verdadeiro eu é a meditação ativa.

Sente-se ereto em uma cadeira confortável, com as mãos cruzadas e os olhos fechados.

Respire devagar.

Repita estas palavras em voz alta:

Eu estou sendo feito de amor e por amor.
Eu estou sendo feito de amor.
Eu estou sendo feito.
Eu sou.

Continue a respirar devagar, sem se preocupar muito com os pensamentos que tentarem te distrair.

Faça isso por seis minutos no início do dia. Experimente por uma semana. Veja o que acontece.

capítulo 7

medo de ter feito algo que não pode ser reparado

Este é o mundo em que vivemos.
Um mundo onde metade do tempo estamos em negação e na outra metade em guerra.

—Sam Wells

PAUL EDDINGTON NASCEU em 1927 e morreu em 1995. Foi um quaker com sotaque inglês, pacifista, formador de opinião e um dos atores mais queridos da televisão britânica nas décadas de 1970 e 1980. Paul Eddington não era "legal" no sentido de fazer uma sessão de fotos para a capa de uma revista. Mas, quando ficou doente terminal, revelou-se capaz de uma forma incomum de coragem que merece toda a nossa atenção. Ele deu uma última entrevista na TV tão dolorosamente honesta que foi difícil ver, mas também impossível deixar de assisti-la. Quando questionado sobre o que gostaria que fosse escrito em seu epitáfio, deu o tipo raro de resposta que merece ser lembrado:

"Ele causou muito pouco dano".

Ele causou muito pouco dano: essas palavras podem parecer pessimistas. Talvez suscitem a falsa modéstia de uma celebridade que busca reparar uma vida mal vivida — ou, pelo menos, uma deprimente redução das expectativas do que um ser humano pode alcançar. Mas, quando as ouvi ditas por Paul Eddington, com sua voz rouca, o rosto cansado e de-

CAPÍTULO 7

composto por causa do câncer que tiraria sua vida apenas alguns dias depois, não apenas refletiam a verdade, mas senti que ele oferrecia a seus ouvintes uma dádiva que poderia levar a uma mudança de direção e a uma renovação da esperança de que podemos ser melhores. É muito fácil viver inconsciente de nosso impacto no mundo e passar pela vida causando estragos aos outros. Na verdade, algumas das maiores dores são causadas por aqueles que acreditam, sem sabedoria ou responsabilidade, que estão fazendo o bem.

Ele causou muito pouco dano: Gosto do sentimento e respeito a intenção. E, embora o compromisso ativo de reduzir danos seja algo bom, não é possível evitar cometer erros. A questão mais importante — e imagino que Paul Eddington concorde com isso — é: "O que fazemos quando estamos conscientes de que temos o poder de ferir e curar?". É sábia a ideia de que nenhum de nós é capaz de *fazer* outra pessoa sentir algo; é mais fácil descrever os sentimentos como sendo *estimulados* ou *encorajados* em vez de *causados* por outro. É libertador ter isso em mente ao considerar o dano que nossas ações podem ter causado e a dor que cruzou nosso caminho. É libertador lembrar que podemos escolher nossa reação, quer a situação nos convide a compensar o impacto de nossas ações ou a negar a vingança e buscar o perdão pelos erros cometidos contra nós. O sofrimento muitas vezes não é o resultado da maldade de nossos inimigos, mas simplesmente surge porque não levamos a vida a sério o suficiente ou porque minimizamos a enorme possibilidade manifestada em apenas um ser humano. Ou *nos* levamos muito a sério, agindo como se o mundo girasse ao nosso redor. Ou adormecemos na direção de nossa própria consciência — não nos importando com nosso impacto no mundo ou talvez não acreditando que possamos causar algum impacto. Todos nós fomos magoados e todos nós contribuímos para magoar os outros. Não somos anjos nem demônios — somos humanos, feitos para e pelo amor, e o amor não nos obrigará a ser bons. Simplesmente nos mostrará, por

MEDO DE TER FEITO ALGO QUE NÃO PODE SER REPARADO

meio de nossa própria experiência, que podemos escolher elevar o amor e a evolução ou incentivar a dor e o enfraquecimento.

Quando nos sentamos em silêncio por tempo suficiente para ouvir a voz mais profunda dentro de nós, sabemos que é verdadeira tanto para nós mesmos quanto para as comunidades e nações a que pertencemos, das quais somos excluídos ou sobre as quais temos sentimentos contraditórios. Durante séculos, minha terra natal esteve imersa em uma história de conflitos que envolvia violência e religião. Nossa história de religião foi dividida não entre protestantes e católicos, mas entre o imperialismo puritano reativo e a imaginação criativa em direção ao bem comum. Um lado tentou, equivocada e talvez inconscientemente, controlar as pessoas como um todo e a alma individual, e o outro lado viveu na possibilidade de que o amor pode abrir mais portas do que fechar. A linha entre repressão e imaginação não separa necessariamente uma pessoa da outra, mas em geral atravessa cada um de nós, em maior ou menor grau. O conflito civil no norte da Irlanda não foi *sobre* religião, mas dependia da *repressão* religiosa para definir fronteiras étnicas. Nosso processo de paz não foi *sobre* religião, mas nossa história de transformação do conflito não teria se desenrolado sem pessoas cuja religião *criativa* os motivou para a paz. Conhecemos a profundidade a que os seres humanos são capazes de chegar. Conhecemos o imenso sofrimento que resulta de as pessoas optarem pela violência como outra coisa que não um último recurso ou viverem como se a agressão pudesse reparar as coisas. Também ouvimos ecos das melhores tradições religiosas agindo no heroísmo de amigos que arriscaram a própria vida ao se encontrarem com os inimigos em busca de uma paz justa. Religião era sombra e religião era luz. Foi, como dizem, complicado.

Enfrentando o difícil fato de que a religião pode prender ou libertar, pode nos fazer regredir ou avançar em direção a um amor maior, eu orei, pedi, busquei, bati à porta do céu e defendi meu caso diante do que pode ser o ouvido atento do divino ou minha própria fantasia projetada de

CAPÍTULO 7

Deus — ou uma combinação de ambos. Às vezes, sinto como se tivesse tido uma resposta. Às vezes, sinto apenas ausência. Às vezes, sou tão atormentado pela pergunta sobre o que leva os seres humanos a tentar destruir a luz uns dos outros que fico paralisado de medo. Às vezes, vejo, além desse medo, o que parece ser uma imagem maior de esperança. E eu me pergunto: se isso é bom o suficiente para São Francisco, e para Gandhi, e para o dr. King, e para Dorothy Day, e para Desmond Tutu, e para incontáveis outros santos cuja espiritualidade se funde com o ativismo por um mundo melhor, então talvez deva ser bom o suficiente para mim.

No final de tudo isso, fico com a suave lembrança da voz de Paul Eddington recitando seu epitáfio. E eu pergunto, agora na casa dos 40 anos — uma idade na qual eu esperava não exatamente ter resolvido o mistério do universo, mas talvez entender um pouco mais de por que estamos aqui —, que tipo de vida, do epitáfio de Paul Eddington, vale a pena? O que significaria causar "muito pouco dano"? Como você pode encontrar Deus quando foi prejudicado por uma religião ruim? Em um mundo em que temer os outros é, para alguns de nós, apenas bom senso — em que um muro mais alto é sinal de lar e a suspeita é a forma como nos dizem que devemos nos relacionar uns com os outros —, como é possível curtir a vida sem prejudicar a de mais ninguém?

———————

ALGUNS DIAS DEPOIS de começar a faculdade, meu amigo Nate estacionou o carro na garagem de seu novo apartamento. Era tarde da noite, então estava escuro demais para ele verificar o solavanco que ouviu ao entrar. Na noite seguinte, ele viu o carro do vizinho na garagem com um amassado significativo na lateral. Ele se lembrou do solavanco da noite anterior e concluiu que batera o próprio carro no do vizinho. A amígdala então ativou, o medo de várias eras chegou, e Nate paralisou.

MEDO DE TER FEITO ALGO QUE NÃO PODE SER REPARADO

Por oito semanas, ele tentou evitar contato com o proprietário. Ele se escondeu em casa. Não convidou o cara para a sua *open house*. Cruzava a rua sempre que o via do lado de fora. Então, uma manhã, o vizinho estava à porta da casa.

— Ei, olá. Só queria me apresentar. Sou seu vizinho.

Nate congelou. Com o rosto vermelho, o constrangimento e o medo totalmente integrados um ao outro, Nate implorou por perdão.

— Pelo quê? — perguntou seu torturador.

— O carro — disse Nate. — Fui eu quem o amassou. Quando me mudei. Sinto muito.

— Esse arranhão? Não seja bobo. Isso aconteceu há dois anos. Meu nome é Jim. Prazer em conhecê-lo. Quer tomar uma cerveja?

ALGUNS DE NÓS nos sentimos incompetentes na maior parte do tempo; a maioria de nós se sente assim algumas vezes. Alguns de nós crescemos em ambientes que nos envergonham e aprendemos a estar em guerra com nós mesmos, exagerando o mal que pensamos ter causado e ignorando os lugares em que podemos realmente melhorar. Muitos de nós vivemos com medo de ter feito algo irreparável. Ficamos presos na memória de uma circunstância que pode ter acontecido apenas uma vez, mas se repete em nossa mente como se ocorresse agora.

Neste exato momento, posso evocar a lembrança adolescente de fazer um comentário sarcástico sobre alguém que por acidente o ouviu; o constrangimento dos vinte e poucos anos de dar um passo romântico com alguém que me rejeitou; a ansiedade comum de que estou completamente sozinho com meus medos. Isso não é verdade, é claro, mas é *real*.

O poeta do norte da Irlanda Paul Hutchinson escreveu sobre um homem que deixou a prisão e voltou à comunidade que uma vez o honrou, mas agora o culpa. Ele começa a frequentar a terapia para curar sua

CAPÍTULO 7

mente fragilizada, mas só consegue ficar ainda mais abalado. A cadeira em que ele se senta não aguenta seu peso e desaba. Como Paul escreve, "falhei em minhas sessões de aconselhamento quando quebrei a cadeira em que estava sentado / Com raiva ou agressão (confundi esses termos)".

Você pode se identificar com essa passagem. Talvez conheça essa cadeira — e esse peso — muito bem.

Esses medos têm *uma personalidade*. Você poderia dizer que são como vespas, zumbindo na nuca, ameaçando picar até mesmo nos dias mais felizes. Eles roubaram minha alegria mais vezes do que eu poderia imaginar.

Os pequenos ferrões desagradáveis, em primeiro lugar, são, como vimos em nossa discussão sobre Haroldo, Tigrão e Tony, algo bastante antigo e universal. Todos nós já passamos pela experiência de sentir culpa e ter medo de *pedir* desculpas por algo, para que nossa vergonha não nos domine. E todos nós tivemos a experiência de, ao finalmente pedir desculpas, a pessoa que pensávamos que havíamos prejudicado não se importar, não ter percebido nosso erro ou realmente ter recebido bem o que aconteceu.

O contrário também é verdadeiro. Todos cuidamos de feridas ou guardamos rancor por coisas que acabamos de *saber* e que, para nós, não apenas aconteceram, como também foram premeditadas maliciosamente, apesar de o suposto agressor nem saber o que fez. Essa mentirinha tem mais força quando a contamos sobre pessoas de quem nos sentimos próximos, pois as feridas de um amigo são profundas. Talvez as feridas mais profundas sejam causadas por amigos que nem sabiam que estavam nos fazendo algum mal. O cenário é muito familiar: um amigo se sente magoado pelo outro, que nem mesmo sabe que o feriu, e ambos seguem caminhos diferentes porque nenhum está disposto a baixar a guarda. Todos nós perdemos amigos assim. Provavelmente todos nós rejeitamos amigos dessa forma também. Quando as abelhas zunem, às vezes somos nós que picamos.

Uma das coisas maravilhosas sobre a fragilidade humana é que as raízes das soluções para nossos problemas aparentemente intratáveis

MEDO DE TER FEITO ALGO QUE NÃO PODE SER REPARADO

estão justamente *dentro* deles. A energia de oposição, diz Richard Rohr, sempre se recria. Portanto, lutar contra o nosso medo, raiva e vergonha simplesmente nos faz sentir mais medo, raiva e vergonha. Se desacelerarmos e pensarmos durante dez minutos, podemos descobrir que a resposta para a nossa luta está *dentro* da própria luta.

Porque não são apenas os nossos amigos que nos magoam (ou pensam que os prejudicamos). Somos duros o suficiente conosco mesmos, sem precisarmos colocar mais ninguém na conta. Você provavelmente submete a pessoa magnífica e bela que é a um julgamento ainda mais severo do que aquele que dirige a quem considera seus inimigos. Você provavelmente já se considerou digno de julgamento público mais vezes do que consegue se lembrar. Você transformou a traição à sua glória interior em um estilo de vida. Você fez isso porque nossa cultura nos ensina a ver a vida através de lentes míopes.

O antídoto para o medo de ter feito algo que não pode ser reparado é aceitar que você provavelmente já o fez ou fará no futuro. Perdoe-se. Não que com isso ganhará passe livre para ser um idiota (ou pior). Mas até meu amigo Don, um dos humanos mais santos que conheci, lamentou seu divórcio ao dizer: "Achei que passaria por esta vida sem machucar ninguém. Eu fui ingênuo".

Mas há notícias melhores: só porque algo não pode ser *consertado* não significa que suas feridas não possam ser *curadas*. Mais uma vez, a beleza dos problemas humanos é que eles contêm as próprias soluções. Se quero ter amigos melhores, tenho a oportunidade, neste exato momento, de me tornar um amigo melhor para mim mesmo. Se temo ter feito algo que não pode ser consertado, posso me lembrar de que minha percepção é uma história que estou contando a mim mesmo. Essa história não me pertence fundamentalmente, embora eu possa ter me emprestado a ela por tanto tempo que me considera sua propriedade. A história das cigarrilhas em Paris sempre me lembra de que, no *mínimo*,

CAPÍTULO 7

nunca sabemos quando uma história acaba, especialmente quando estamos nela. Algo que parece não poder ser consertado hoje pode ser lembrado de maneira muito diferente amanhã.

Isto é o mínimo que podemos presumir ser verdade: que nunca sabemos quando uma história acaba. E, se você está lutando com sua história hoje — seja aquela que conta a si mesmo sobre como foi ferido ou aquela sobre como você feriu outras pessoas —, há duas maneiras de sair disso. Você pode continuar contando a mesma história e viver no passado (ou no futuro). *Ou* você pode fazer aquilo que nossos irmãos e irmãs, em programas de doze passos[*] em todo o mundo, chamam de "reparações em vida".

O que significa fazer reparações em vida? Se você acha que causou dor a alguém e tem certeza de que isso não aumentará o sofrimento da pessoa, pergunte gentilmente a ela se gostaria de ouvir suas desculpas. É ela quem deverá decidir. Se você não tem certeza se poderia aumentar ainda mais a dor de alguém ao reconhecer diretamente o impacto de suas ações e oferecer perdão, faça essa reparação de outra maneira. Se acha que foi você quem foi ferido, faça duas coisas: procure um amigo que o escute sobre sua dor com empatia e limites saudáveis (tanto os limites dele quanto os limites que ele o ajudará a manter) e, enquanto isso, mostre gentileza a outra pessoa hoje. Faça isso intencionalmente e de uma forma que interrompa o fluxo do seu dia. Eu lhe prometo: o que vai acontecer parecerá um milagre. Pois outra questão maravilhosa sobre as soluções dos problemas humanos estarem dentro dos próprios problemas é que a gentileza funciona como ondas sonoras em uma câmara acústica perfeita. A bondade demonstrada para com o outro volta a você, como se estivesse dando à sua glória interior o sorriso mais magnífico.

---

[*] O programa de doze passos (*twelve-step program*) foi criado nos Estados Unidos em 1935, inicialmente para o tratamento do alcoolismo e estendido para o tratamento de muitos tipos de dependência química e compulsões. (N. do T.)

MEDO DE TER FEITO ALGO QUE NÃO PODE SER REPARADO

VOCÊ PODE ESTAR pensando: *É fácil para você dizer isso*. É claro, só consigo imaginar seu medo, assim como você só pode imaginar o meu. Portanto, para aqueles de nós que passamos a acreditar que esse medo — o terror de ter feito algo que não pode ser consertado — é algo com o qual simplesmente estamos condenados a viver, aqui vai uma pequena observação final. É claro que pode parecer mais fácil diagnosticar um problema do que implementar uma solução. Aquelas pessoas maravilhosas que lutam diariamente com suas vozes interiores que procuram contê-las, inibi-las, atacá-las ou amaldiçoá-las estão se entregando heroicamente à jornada de se tornarem mais humanas. Elas são magníficas e merecem como apoio a energia mais gentil e amorosa.

Ao mesmo tempo, aquelas que realmente cometeram erros terríveis enfrentam um caminho muitas vezes solitário rumo à reparação. A forma como nossa cultura retribui isso atenua tal reparação, tanto para os responsáveis por causar sofrimento quanto para os que sobreviveram. Não me interpretem mal, há espaço para o lamento saudável e o luto proporcional ao que fizemos. Mas fazer as reparações apropriadas não é a mesma coisa que se vingar. É preciso trabalhar o discernimento para descobrir a diferença entre uma consciência sã e uma ilusão narcisista ou masoquista.

Também é importante aprender a falar sobre o perdão de uma forma que honre sua complexidade e sobre a dor que incentiva o convite ao perdão em primeiro lugar. Muito se fala sobre perdão, pouco se compreende, e muitas vezes sobreviventes de grandes ataques podem ser envergonhados ou mesmo retraumatizados pela pressão de abraçar a pessoa responsável pelo seu sofrimento ou que nega a gravidade de seu impacto. Prefiro ver o perdão como um *continuum* que começa mesmo antes de ocorrer a agressão, com uma vida de limites compassivos que vêm ao aceitar cada vez mais que os humanos muitas vezes "não sabem o que estão fazendo". Quando ocorre uma violação, deve-se lembrar da dor

CAPÍTULO 7

— ela não é apenas uma resposta psicológica e espiritualmente saudável, mas agir de outra forma seria continuar com a agressão. E com a dor provavelmente virá um impulso de atacar o responsável pelo sofrimento. A jornada do perdão prossegue quando optamos por não nos vingar — o que não é igual a fingir que não deveria haver responsabilidade ou não há necessidade de reparações. Em situações em que ocorreram grandes ataques, precisamos de uma comunidade de apoio que nos cerque, para compartilhar o fardo da melhor forma possível, para nos ajudar a recuar do impulso de retribuir o sofrimento olho por olho ou de prejudicar a nós mesmos. Dependendo da natureza da violação, negar a vingança pode ser um ato heroico. Se o sobrevivente não fizer nada mais do que negar a vingança, pode-se dizer que está na jornada do perdão, é respeitado por sua coragem e não está pressionado a fazer nada que possa violar ainda mais seu bem-estar. Essa atenção amorosa, paciência, apoio terno podem, é claro, ajudar a criar as condições para avançar no caminho do perdão. Em uma sociedade fluente no perdão como uma jornada que não pode ser imposta e na responsabilidade como controle e restauração, não vingança, os sobreviventes fariam mais do que simplesmente sobreviver, e mesmo os responsáveis pelas violações poderiam melhorar.

O perdão não é entendido na cultura dominante como uma dádiva que pode libertar tanto o perpetrador quanto a vítima — pelo menos não ainda, mas há sinais de esperança. Talvez uma dádiva igualmente grande seja quando cada um de nós localiza interiormente aquele espaço em que é possível ter empatia até mesmo com os responsáveis pelo pior comportamento humano. Não se trata de justificar o comportamento, mas de participar do processo de cura do passado e de nutrir um futuro mais completo.

Como acontece com todos os medos, o de ter feito algo irreparável diminui diante do reconhecimento de que alguém, em algum lugar, tem o mesmo medo. E, em certo sentido, cada um de nós deixou uma marca irreparável no mundo, impregnada de luz e sombra.

MEDO DE TER FEITO ALGO QUE NÃO PODE SER REPARADO

Mas nós mesmos nunca somos os melhores juízes para avaliar a luz ou a sombra que causamos. É para isso que serve a comunidade.

Compartilhar seus medos com outras pessoas comprometidas com a jornada da maturidade emocional quase *sempre* reduz esses medos. A regra de ouro universalmente presente nas religiões mundiais e nas tradições de sabedoria ensina a fazer aos outros apenas o que você gostaria que fizessem a você; claro, isso também significa *não* fazer aos outros o que você não gostaria que fizessem a você. Geralmente, enfatizamos a parte desse ensinamento que se refere às feridas que causamos ou que nos causaram, mas, ao fazê-lo, ignoramos o fato de que devemos aplicar essa regra primeiro àquelas adagas que apontam para nosso interior. Sabemos que devemos ser gentis com os outros, mas que tal sermos gentis conosco mesmos? As vozes mais mordazes — aquelas que dizem que não vale a pena seguir em frente por causa de algo que fizemos no passado — nos impedem. O futuro está, portanto, amaldiçoado, por isso vivemos em prisões autopunitivas que nós mesmos criamos. Para piorar, podemos reconhecer que viver em uma prisão autopunitiva requer certo grau de narcisismo. O narcisismo por trás de grande parte de nossa autocondenação torna o medo de ter feito algo irreparável ainda mais pesado.

Se você está se sentindo assim, aqui vão algumas boas notícias: em primeiro lugar, o narcisismo requer um grande esforço psíquico interno para mantê-lo ativo. Com o tempo, acabamos perdendo o fôlego, e, se você é o tipo de pessoa que busca discernimento em uma comunidade saudável, provavelmente será desafiado com gentileza por um de seus belos companheiros antes disso. Se for, peça *feedback* e seja gentil consigo mesmo. Uma vez que estamos lidando com o narcisismo, podemos nos voltar para a noção de que o medo de ter feito algo irreparável é realmente o medo de que nós mesmos não possamos ser recuperados. E, se você não pode ser consertado, acaba dizendo isso a si mesmo, então de fato não há sentido em *tentar* ser útil ao mundo. Mas a raiz desse medo é *também*

CAPÍTULO 7

narcisismo. A noção de que você pode realmente prejudicar alguém tanto quanto pensa que pode depende também de um ego inflado.

O início da cura do narcisismo é igual ao início da cura de todo medo: seja gentil com alguém. Ter um senso de missão na vida é fundamental para superar as tentações do ego de um lado e da apatia do outro. A missão universal de amar a outras pessoas pode ser a melhor maneira de enfocar um senso de missão pessoal, ou seja, dar esse amor a si mesmo é o objetivo e o processo. O mantra para o amor-próprio pode ser tão simples quanto afirmar que não há nada de errado com você; basta *acreditar* que havia algo errado com você que o levou a se comportar de maneiras que perpetuam a dor.

Quando Paul Eddington disse que esperava ter causado muito pouco dano, ele não estava apenas falando sobre outras pessoas. O que você pode ou não ter feito é importante, mas é menos importante do que o fato de que você pode começar a reparar os danos agora mesmo. E as primeiras reparações que você é convidado a fazer — a base de todas as outras reparações — são as suas próprias.

O escritor Kiwi Mike Riddell conta como, em sua conversão ao catolicismo aos 42 anos, teve de fazer sua primeira confissão. Ele e o pároco conversaram, mas não no conhecido confessionário — eles conversaram na sala de estar da casa do pároco.

Depois de contar as histórias pelas quais pediu absolvição, Mike aguardou nervosamente a resposta do padre. Não sei as palavras exatas, mas foi mais ou menos assim:

— Você está disposto a seguir a disciplina da igreja? — perguntou o padre, sem nenhum tom de cordialidade.

— Sim — disse Mike —, embora fazendo alguma reconsideração interna de toda aquela coisa de conversão. Ele não esperava por isso.

— Vou lhe instruir sobre sua penitência agora, Michael — continuou o padre. — Se você for obediente à disciplina da Igreja e se sua conversão for honesta, fará o que eu peço.

MEDO DE TER FEITO ALGO QUE NÃO PODE SER REPARADO

Talvez não fosse uma boa ideia, pensou Mike, perguntando-se se não seria melhor continuar como um teólogo autônomo em vez de um filho da santa mãe da Igreja.

— Qual é o lugar mais lindo que você gosta de visitar? — perguntou o padre.

— Gosto de passear com meu cachorro na praia — respondeu Mike.

— Quanto tempo você costuma passar lá?

— Cerca de vinte minutos.

— Ok. Aqui está a sua penitência. Saia para o mundo e respire sua plenitude, sua beleza, sua luta, sua incrível possibilidade. Em seguida, vá para a praia. Leve uma garrafa de café e um cobertor. Encontre um lugar tranquilo para sentar. Observe as ondas, as pessoas, as gaivotas e a areia. Fique ali por duas horas. Respire. Dê esse presente a si mesmo. E tenha o seu próprio perdão. Está tudo bem.

A SEGUNDA FORMA DE NÃO TER MEDO:
SEJA GENEROSO CONSIGO MESMO

QUE PRESENTE VOCÊ daria a si mesmo se realmente acreditasse que poderia ser perdoado? Como seria parar de se vingar de si mesmo?

Reflita sobre essas perguntas por um tempo e, talvez, escreva algumas respostas. Em seguida, monte um plano para fazer algo na próxima semana, a exemplo de Mike Riddell sentado na praia.

Dê a si mesmo o presente de pelo menos duas horas fazendo algo vivificante, relaxante e sozinho.

Reflita sobre as palavras que o padre disse a Mike: "Respire. Dê esse presente a si mesmo. E tenha o seu próprio perdão. Está tudo bem". Se de fato é possível amar verdadeiramente aos outros sem amar a si mesmo, o que você está esperando?

capítulo 8

medo de uma vida sem sentido

Eu te louvo porque me fizeste
maravilhoso.

—Salmos

EU ESTAVA BUSCANDO razões para continuar. Bem, na verdade estava olhando para minha mão esquerda, usando os dedos para contar as razões para continuar. Minha mão havia se tornado um ábaco psicológico no qual eu poderia traçar uma jornada de quase quatro anos, ajudando a nutrir uma organização que visa à intersecção de espiritualidade, justiça e arte. Eu havia redigido um e-mail renunciando ao cargo de liderança que exercia. O ábaco me ajudaria a decidir se o enviaria ou não.

Esse trabalho tinha sido um dos privilégios da minha vida profissional, e o festival que havíamos planejado era algo com que sonhava, mas sempre duvidei que conseguiríamos. No entanto, aconteceu: milhares de pessoas se reuniram para um novo tipo de experiência criativa, catalisadora e comunitária e, juntas, criaram algo mais do que a soma de suas ações. Houve dança e pirofagia e liberação; teve educação igualitária por meio da qual trocamos os papéis: figuras públicas indagavam a plateia sobre questões com as quais elas próprias estavam lutando. Houve uma mistura de espíritos e ideias entre vencedores do Grammy e do Oscar, e autores best-seller do *New York Times*, e músicos que tocam

MEDO DE UMA VIDA SEM SENTIDO

brilhantemente em pequenos cafés, e escritores cujo público se limita à família. Havia esperança, e foi bom.

Depois de cinco dessas reuniões, surgiu o tipo de desafio que invariavelmente chega à porta de organizações sem fins lucrativos. A magia de ativistas espirituais e criativos para o bem comum reunidos em um lugar era uma coisa; pagar por isso, outra. Portanto, foram tomadas decisões para mudar a estrutura da organização — decisões das quais eu divergia, a ponto de entender que eu não poderia trabalhar eficazmente nessas novas estruturas. Eu temia que o sonho estivesse desaparecendo.

Levei muito tempo para pensar, debater e orar. Li livros sobre gerenciamento de mudanças. Fiquei com raiva. Lastimei. Eu me prendi à memória de alguém que amei e me contou sobre uma época em que teve de tomar uma decisão importante na vida e que a chave para ele foi seguir a sabedoria da recomendação de um mentor para se *firmar*. E assim por diante.

Eu tinha a mera ideia de como era me manter estável e imaginei que fazer o mesmo que ele seria um passo na direção certa. Alguém me lembrou do valor de sentar-se em silêncio e pensar por dez minutos. Então eu fiz isso e *pensei*.

Quais foram os motivos para continuar?

Dinheiro. A primeira foi fácil: tratava-se de um trabalho que pagava bem, melhor do que qualquer outro que já tivera. Sair dele me lançaria em uma incerteza financeira. Portanto, não apenas os artigos de luxo aos quais tinha me habituado teriam de ser eliminados, mas talvez eu não conseguisse pagar as contas que, na verdade, são necessidades.

Reputação. Um pequeno grupo ajudou a construir essa comunidade e o evento a partir apenas de uma ideia. Sair, sobretudo quando acabava de se tornar um sucesso, certamente levantaria questões

CAPÍTULO 8

e afetaria meu ego. Se eu ficasse, poderia continuar a construir essa reputação e me entregar à fantasia de ser especial. Se eu saísse, as pessoas poderiam não se importar.

Força e visibilidade. O evento era popular e estava desenvolvendo reputação nacional e internacional. Pessoas que de outra forma atraem grande visibilidade estavam aparecendo de graça porque acreditavam no que fazíamos. Podíamos falar por telefone com pessoas que haviam estado, mais cedo naquele dia, na Casa Branca ou produzindo o novo álbum de Elton John. Acontece que elas são apenas pessoas também, mas eu sentia que era parte de algo que parecia importante. Uma vez por ano, subia ao palco e dizia o que quisesse por alguns minutos para alguns milhares de pessoas. Se eu fosse embora, talvez não me sentisse mais importante.

Apoio às outras pessoas. Claro, não fui só eu que promovi tudo isso. Uma equipe de pessoas colaborou para transformar a ideia de um festival de espiritualidade progressista em algo tangível, e algumas conseguiram reunir grupos de progressistas espirituais frequentemente desorganizados, até chegar ao festival em si. Se eu saísse, estaria decepcionando tanto as pessoas que me contrataram quanto os membros da equipe que liderava?

Medo do futuro. Acima de tudo, havia a incerteza do que aconteceria depois. Quatro anos em qualquer emprego hoje em dia é uma raridade significativa a ponto de ser considerado contracultural — e, quando chegamos no meio do caminho na vida profissional de um autônomo, isso pode até ser considerado um milagre. Havia segurança financeira, havia uma comunidade que me acolhera e me dera raízes, e havia uma visão que poderia se expandir a cada ano. Eu podia fazer esse trabalho pelo resto da minha vida profissional, se quisesse. Se eu saísse, nenhuma dessas coisas seria garantida.

MEDO DE UMA VIDA SEM SENTIDO

Cinco razões para continuar: dinheiro, reputação, poder, apoio às outras pessoas e segurança. Cinco razões que eu podia contar nos dedos da minha mão esquerda.

Levantei a mão contra a luz, emoldurada pela janela da sala onde escrevo, e olhei para as árvores. Era outubro, e as folhas de outono estavam brilhando com suas cores. Havia os livros na minha mesa, o ventilador de teto, a impressora no canto, o vaso de terracota no parapeito da janela, as caixas de organização no chão. E havia cinco razões na minha mão esquerda.

Uma voz interior falou: *Mesmo que você não acredite muito nisso, vamos experimentar. Aja **como se** você não precisasse de elogios ou reputação, **como se** o dinheiro não o definisse, **como se** o mundo não girasse em torno de você e como se o que está dentro de você fosse mais importante do que o que as outras pessoas pensam de você. Aja **como se** o sentido da sua vida viesse de apenas ser mais alguém no planeta, uma manifestação do ecossistema no relacionamento com outras pessoas e responsável por elas, cujas vidas são tão significativas quanto a sua. Aja **como se** você fosse seguro, amado e livre.*

Essas palavras me lembraram de coisas que pessoas mais sábias me disseram. Outras palavras vieram à tona — mantras que pareciam bons na época, mas que aparentemente também estavam fazendo um trabalho silencioso em minha alma.

Olhei para minha mão esquerda e ponderei os motivos, um de cada vez.

A segurança financeira é uma ilusão.
A reputação é menos importante do que ser genuinamente conhecido.
O poder corrompe, ou, pelo menos, é preciso muita energia para mantê-lo.
A codependência simbolizada pelo medo de decepcionar as pessoas nunca fez parte da receita da felicidade.
Acreditar que é preciso ter certeza do que vai acontecer a seguir também é uma maneira segura de saber que nunca descobrirá nada de novo.

CAPÍTULO 8

Eu aceitei a proposta desse evento porque acreditava na conexão. Mas todas essas cinco razões se combinaram, naquele momento, para produzir o oposto. Pode não ter havido nada de errado com o evento em si, e as pessoas que permaneceram envolvidas com ele são adoráveis, mas eu estava disperso de meu senso de significado, minha conexão com ele e meu sentimento de que era o "certo" a fazer com a minha vida. Eu estava infeliz, mas as folhas eram de um vermelho vivo e dourado.

Então, pressionei *Enviar*, pedi demissão do meu emprego e olhei para as árvores. Elas estavam surpreendentes.

AQUILO QUE GANHAMOS com o avançar do tempo — redução da violência, compreensão melhor de nosso corpo e das relações humanas, comunicação a milhões de quilômetros — supera seus desafios. Mas os desafios são reais. Eles devem ser combatidos se quisermos prosseguir em nosso caminho para a descoberta de uma vida significativa. A cultura dominante frequentemente atribui grande valor às coisas que estão realmente fragilizadas ou podem facilmente nos abalar. Coisas como dinheiro e poder. Existe uma tensão constante entre o que a cultura dominante e o sistema econômico valorizam e o que de fato nutre a alma.

O vício em dinheiro contrasta com o estar satisfeito com o que é suficiente e ver o tempo como mais importante do que as coisas.

A obsessão pela beleza idealizada esbarra em aprender a viver satisfeito e encantado com o corpo que realmente se tem.

A fama pode criar obstáculos para uma amizade verdadeira e para saber quem você é.

Recompensas públicas como Oscar e Pulitzer não são uma medida vital do que significa fazer um bom trabalho com integridade.

Vencer e consumir não se comparam ao dom de se abrir para o outro.

MEDO DE UMA VIDA SEM SENTIDO

O significado vem principalmente de um senso de conexão com o todo: a comunidade de seres humanos, a graça do ecossistema que nos permite estar aqui, as metas mais elevadas da vocação para o bem comum. Quando essa conexão é diminuída, podemos sentir o vazio de nos perguntarmos se alguma coisa realmente importa. Nossa competição cultural atual corre o risco de nos empurrar para uma vida cada vez mais dispersa. Comparações sem sentido com pessoas cuja vida é muito mais interessante do que a sua (quantos seguidores ou "amigos" de mídia social *você* tem?) nutrem expectativas irreais e prejudiciais. É claro que, conforme estamos aprendendo, cada um desses obstáculos para uma vida verdadeiramente significativa contém o segredo para sua própria eliminação. O vício em dinheiro gera pessoas que nunca experimentam a satisfação de encerrar algo. Manter a beleza idealizada requer um esforço pessoal muito grande e uma disposição em fingir ser quem não se é. A fama, da mesma forma, não se presta à formação de uma pessoa autêntica; as celebridades precisam escolher se vão investir energia na luta para manter sua fama ou se vão encontrar a si mesmas apesar dela.

Dinheiro, poder e reputação não equivalem a significado — ou *significância* — da vida. Se você não tem dinheiro, poder ou reputação, pode realmente estar enfrentando menos obstáculos de sentido da vida do que aqueles que têm muito dinheiro, não sabem como usar o poder para o bem comum ou cujo senso de identidade é definido de acordo com o que os outros pensam deles.

Aonde quer que você chegue na matriz dinheiro-poder-reputação, a resposta ao medo de uma vida sem sentido é compartilhar seus dons com o mundo. Em outras palavras, como diz Babette, na versão cinematográfica *Festa de Babette*, de Isak Dinesen: "Um grande artista nunca é pobre". Ela não se refere apenas à pobreza física de bens materiais, mas a algo mais profundo. Se você compartilhar seus dons com coragem e criatividade, não importa quão pequenos possam parecer, ou se você tem um nome conhecido ou dinheiro no banco, encontrará significado em todos os lugares.

O significado vem da conexão e da interdependência. A falta de sentido vem do individualismo e da dispersão. Há um milhão de coisas significativas sobre cada um de nós. Mas, porque vivemos em uma cultura dominada por falácias sobre violência e sucesso, aumentamos nossos medos e diminuímos nossa estrutura de significado em comparação com outras pessoas. Não tendemos a parar e olhar as folhas que caem das árvores, em sete tonalidades de cobre, chocados pelo fato de que começamos a nos relacionar com tamanha glória. Negamos nossa própria magnificência na busca por rostos e carros de plástico, deixando de apreender o milagre inerente à própria capacidade de pensar nessas coisas. Fugimos do que E. E. Cummings chamou de "verdadeiro sonho de céu azul" para entrar em qualquer atividade que aceitamos como nosso lote econômico. Enterramo-nos em um frenesi que confundiria nossos antepassados, perseguindo em vão o sonho de sentar e desfrutar da paz — enquanto o tempo todo paz e quietude estão esperando por nós, prontos para nossa visita.

De todos os espermatozoides e óvulos entre milhões — bilhões! — que poderiam ter se encontrado, foram os seus. De todos os pisos e telhados do mundo, aquele sobre o qual e aquele abaixo do qual você vive são, ambos, os que mais têm a sua presença. Talvez até precisem de você. Sua casa é a boa terra verde e seu povo, bonito, sábio e fragilizado. Você tem um presente para essas pessoas, para essa terra e para você.

OS MOVIMENTOS DO corpo. Uma mudança de dedo do pé, um pequeno estremecimento de ombro, um suspiro, o abrir de olhos. Respiração. Abertura. Consciência. Ajuste. E então, a primeira e mais

MEDO DE UMA VIDA SEM SENTIDO

importante questão que qualquer um enfrentará sempre: *Você está disposto a acordar?* Todas as manhãs, cada um de nós ouve a mesma pergunta: *Você vai acordar?*

A resposta pode ser moldada por todos os tipos de coisa. A luz da sala: se as cortinas estiverem abertas e a luz natural entrar, o corpo pode estar mais pronto para despertar do que a mente. Estamos aprendendo que a qualidade do sono, os sonhos que tivemos na noite e até mesmo o tipo de luz que recebemos antes de fechar os olhos afetam como — ou se queremos — levantar de manhã. A temperatura da sala pode ser o maior detalhe determinante. O frio tem uma capacidade incrível de reduzir a expectativa humana de saudar o amanhecer. Mas, quer durmamos com frio ou calor, quer leiamos em um iPad ou um livro físico de bolso, acordemos naturalmente sem um despertador ou sejamos arrebatados por uma marreta eletrônica, ainda seremos confrontados com a mesma pergunta, todas as manhãs.

Em algum momento de nossa vida, todos somos desviados para a prostração: uma espécie de letargia que pode ser confundida com preguiça, mas, na verdade, é uma depressão espiritual. Para alguns de nós, logo pela manhã, pode ser fácil pensar que esse estado de prostração não é temporário. Para alguns de nós, é um exercício sobre-humano apenas espiar por baixo das cobertas, porque o medo nos domina. Nossa cultura adotou pequenos ditados incisivos que sublinham a suposição comum de que os dias são difíceis: outro dia na rotina, só trabalho e sem diversão, sem descanso para os cansados.

A internet possibilitou que nos conectemos com mais pessoas de uma ampla gama de origens e aprendamos ou desfrutemos mais coisas do que qualquer geração anterior. Também nos ofereceu muito mais objetos brilhantes para desejarmos, induzindo a uma sensação de carência ou inveja. Ela nos bombardeou com mais histórias com que nos preocupar e ilustrou mais maneiras de imaginar algo melhor. Contribuiu tanto

115

CAPÍTULO 8

para a falta de coesão dentro das nações quanto para um senso de conexão interdependente em todo o planeta. E, no exato momento em que os limites de nosso conhecimento estão se expandindo tão rapidamente, também é difícil discernir o que é verdade.

É hora de acordar.

O significado se revelará conforme você discernir sua história mais verdadeira em uma comunidade emocionalmente madura e conforme aprender a reconhecê-la. A partir desse momento, você é convidado a pedir o que precisa e compartilhar seu dom.

Para experimentar o dom do nosso próprio significado de maneira mais plena, devemos dedicar tempo e prestar atenção para descobrir qual é esse dom. Isso é contracultural, pois, enquanto vivemos em uma época em que é atribuída uma espécie de poder mágico ao fato de ser famoso, a pergunta *Famoso em quê?* raramente é feita. Embora possamos ser encorajados a "ser nós mesmos", normalmente não somos levamos pelo caminho de realmente descobrir quem somos e quais dons temos. Então, a compreensão de quem você é pode não vir naturalmente. O sábio educador Ken Robinson disse: "Você cria sua vida a partir dos talentos que descobre. Ou não". É trágico saber quantas pessoas se contentam com tão pouco. Por medo do fracasso ou da perda, vivemos vidas perdidas e fracassadas.

No entanto, a descoberta do significado da vida não corre apenas *risco* de fracassar; provavelmente *depende* disso — ou de pelo menos de estar disposto a estar errado ou ser considerado estranho pelos outros.

De pé do lado de fora das portas de vidro de um restaurante de *fish--and-chips* em Belfast, tarde da noite, vi dois jovens insultarem cruelmente um casal mais velho que esperava no balcão. O homem parecia ter algumas diferenças físicas e mentais, e os rapazes zombavam dele. A mulher, que parecia ser sua esposa, respondeu aos insultos empurrando um dos rapazes. Foi mais um empurrão de humilhação e dor do que

MEDO DE UMA VIDA SEM SENTIDO

agressivo; veio da raiva, mas era raiva nascida do desespero, não da dominação. Os dois a enfrentaram, grunhindo palavrões e ameaçando-a.

Dezenas de clientes no restaurante mantiveram a cabeça baixa, achando ansiosamente que ignorar a situação a faria parar. Mas a ameaça de mais violência em potencial estava no ar. Eu instantaneamente *soube*, com uma rara clareza, o que precisava acontecer naquele momento. Precisava andar com propósito e autoridade até aquelas pessoas, me posicionar entre elas e começar a cantar em voz alta a música "9 to 5", de Dolly Parton.

Não estou brincando. Na minha mente, imaginei os agressores virando-se para mim e longe do casal mais velho. Previ que os mais jovens ficariam confusos com a quebra de tensão, o destinatário da violência deles não seria mais alimentado por reflexo, e a situação seria quebrada por um palhaço. Muitos outros clientes do restaurante se levantaram de suas cadeiras e se aproximaram, mostrando aos jovens que eles estavam em menor número. Que não seríamos espectadores passivos. Pude imaginar o casal mais velho experimentando a solidariedade da comunidade.

Vislumbrei tudo isso tão rapidamente, em um *flash* de inspiração, e meu corpo se encheu de luz e coragem. Dei um passo à frente, prestes a correr para dentro do restaurante.

Então hesitei.

Congelei.

Paralisei.

No final, não entrei no restaurante, não cantei a música nem mudei o rumo da situação para qualquer direção que pudesse seguir. Eu neguei meu dom. Observei ao longe quando um silêncio sinistro surgiu, acompanhado de punhos cerrados, mas não de mais violência ativa. Eu vi a funcionária do caixa segurar gentilmente a mão da mulher depois de lhe entregar seu pedido. O casal saiu em segurança.

Não sei o que teria acontecido se eu tivesse entrado. Mas sei que

CAPÍTULO 8

o principal motivo pelo qual não o fiz foi deixar que minha ansiedade acerca do que as pessoas pensariam de mim superasse minha preocupação com as duas pessoas vulneráveis que eram o alvo.

Não sabemos o que fazer com as pessoas irrompendo em música em seu local de trabalho ou em um restaurante de *fish-and-chips*. Pessoas assim tendem a ser consideradas estranhas. Nós lhes damos um amplo espaço. Certa vez, vi um homem dançando em uma esquina de uma rua no sul da Califórnia, girando magnificamente na ponta dos pés e parando para acenar para o tráfego de pedestres. Sua dança era ritmada por quaisquer que fossem os sons gloriosos que emanavam de seus enormes fones de ouvido. Ele girou, acenou e sorriu. E há uma razão pela qual chamamos um giro de *revolução*.

Porque, quando esse cara acorda, ele não precisa perguntar: *Tenho algum motivo para me levantar hoje?* Não. Ele *conhece* sua missão, e ele a vive. Ele não se importa se mais alguém acha que é ela significativa ou não.

A TERCEIRA FORMA DE NÃO TER MEDO: DESCUBRA O QUE VOCÊ PRECISA FAZER E COMO FAZER

HÁ BILHÕES DE escolhas que levam a uma vida significativa ou a uma vida desperdiçada. Uma vida significativa é facilmente reconhecida: uma vida significativa é aquela vivida com o propósito do bem comum, habitando o tipo de comunidade que nos ajuda a florescer nossos dons únicos e nos auxilia a atender às nossas próprias necessidades. Infelizmente, muitos de nós nunca conseguimos descobrir para que estamos aqui, nunca encontramos clareza sobre como servir e receber em comunidade e onde e entre quem mais vemos prosperar. Não tem que ser assim.

Comece perguntando: o que há de mais significativo sobre mim? Se você não sabe — e se sabe —, pergunte também *o que os outros acham*

MEDO DE UMA VIDA SEM SENTIDO

que é significativo em você. Se você não sabe — e se sabe —, pergunte a si mesmo que tipo de pessoa você quer *perto*. E vamos expandir um exercício que tentamos no capítulo 3.

Pegue um pedaço de papel e risque uma linha vertical no meio dele. À esquerda, escreva todas as coisas que você imagina que dariam vida às pessoas que quer perto de você. À direita, escreva todas as coisas que você imagina que seria a morte para elas.

Em seguida, dobre o pedaço de papel ao meio, com o lado esquerdo voltado para cima. Prenda-o na parede ou na geladeira ou mantenha-o na bolsa para se lembrar de tentar colocar em prática um item da lista toda semana.

Depois, sente-se e observe: o milagre do seu corpo, a vista pela janela, os contornos do rosto de alguém que você admira. Feche os olhos e deixe o tempo se tornar algo diferente de sua expectativa habitual. Faça a si mesmo esta pergunta simples: "Como posso ser útil?". Faça isso quantas vezes forem suficientes, e, com o tempo, a missão da sua vida chegará a você.

Quer um caminho mais rápido? Sua missão é curar a si mesmo e aos outros servindo a eles; honrando o ecossistema, seu vizinho e a si mesmo; e dedicando-se ao Amor. Você consegue descobrir como fazer isso. E, conforme vive para isso, descobrirá o significado de quem você é.

capítulo 9

medo de não ter o suficiente

> No centro de nosso ser há um... ponto ou faísca... como um diamante puro, brilhando com a luz invisível do céu. Todos o têm, e, se pudéssemos vê-lo, enxergaríamos esses bilhões de pontos de luz se juntando na face e o brilho de um sol que faria toda a escuridão e a crueldade da vida desaparecerem completamente.
>
> —Thomas Merton

JOANESBURGO. CIDADE DO CABO. Pretória. São lugares de que me lembro marcados por décadas de exposição ao movimento anti-*Apartheid*, ou pelo menos a shows de rock que arrecadaram dinheiro para esse movimento. (É importante esclarecer para nós mesmos a diferença entre pensar sobre uma coisa e fazer algo a respeito.) Tive o privilégio de finalmente visitar a África do Sul cerca de uma década depois de Nelson Mandela ser eleito presidente e participar de um festival de arte e reconciliação na Universidade de Pretória, onde refletimos e celebramos o papel da criatividade no processo de construção da paz.

Era próximo da Páscoa, e o evento começou com o arcebispo Desmond Tutu falando sobre a esperança de que pudéssemos ir além de nós mesmos para um lugar que não conhecemos, porque é um lu-

MEDO DE NÃO TER O SUFICIENTE

gar melhor do que aquele onde vivemos agora. A arte pode nos deixar insatisfeitos sobre o que é esse lugar e nos ajudar a imaginar um futuro melhor. Pensei em como deve ter sido difícil para ele, durante o que ele chamou de "os maus velhos tempos", imaginar que o sistema que mantinha sua sociedade cativa jamais perderia força. Ele sempre sorri, sempre oferece esperança, sempre parece amar diante da raiva. Ouvi dizer que ele, às vezes, costumava gritar para dormir sob a luz negra do horror que seu povo sofria. Sua felicidade, porém, transparece naqueles olhos deslumbrantes e na maneira como anda com dignidade e fala com tanta bondade e autoridade. É porque ele sabe que as pessoas precisam de uma visão. E ele sabe que há algo mais profundo acontecendo além daquelas piores coisas que vemos ocorrer a todo momento.

Passamos o resto da semana trabalhando e ouvindo profissionais e acadêmicos, assistindo a filmes e peças de teatro e, é claro, ouvindo música e dança. A África do Sul é um dos poucos lugares que visitei onde a lógica dos musicais de cinema parece real: quando eu estive lá, algumas pessoas realmente começavam, de repente, a cantar e dançar em público.

Na Quinta-feira Santa, quando se compartilham esmolas com os pobres, na véspera da Sexta-Feira Santa, quando é lembrada a execução formal do ativista espiritual conhecido como Jesus de Nazaré, decidi caminhar de meu albergue até a Catedral de São Jorge para a Eucaristia da noite. A história conta que, no auge da era do *Apartheid*, o arcebispo Tutu estava pregando em um culto na catedral quando dezenas de agentes da Polícia de Segurança da África do Sul entraram e se posicionaram nos corredores, anotando nomes e tirando fotos. Tutu desceu do púlpito e se aproximou dos agentes, acolhendo-os calorosamente ao serviço. Suas palavras, parafraseadas aqui, foram proféticas: "Vocês são muito bem-vindos aqui hoje. Mas sei que estão aqui pelos motivos errados. Vocês pensam que estão no controle, mas essa luta contra a injustiça — nós já a ganhamos! Nós já a ganhamos! Porque a verdade está do nosso lado. E

CAPÍTULO 9

em alguns anos vocês não poderão negar nossa vitória. Portanto, convido vocês a se juntarem a nós esta noite para que sintam menos vergonha de si mesmos no futuro".

Eu estava ansioso para visitar a catedral como uma espécie de fonte de peregrinação, na esperança de que ela pudesse me reenergizar para o trabalho de paz com que estava envolvido em minha própria terra. Perguntei à simpática senhora da recepção do albergue se ela poderia me indicar um caminho e se era seguro. Ela me deu instruções simples e disse: "Você estará completamente seguro; é uma estrada principal".

Três minutos depois de deixar o prédio, pela primeira vez na vida fui assaltado.

UM JOVEM VEIO até mim em um cruzamento e pediu dinheiro. Dei a ele a primeira moeda que encontrei no bolso — cinco rands, ou cerca de vinte e cinco centavos. Ele não ficou feliz, então me mostrou uma faca enferrujada escondida na palma da mão direita e disse no tipo de voz baixa que sempre associei aos fantasmas:

— Não quero esfaquear você. — Fiquei feliz que ele não quisesse me esfaquear, porque eu também não queria que ele me apunhalasse.

Mas também não queria que esse encontro fosse uma vitória para a violência ou a ameaça. Abraçar a não violência, ou mesmo tentar segurar as mãos dela, não significa fugir da violência, e certamente não significa deixá-la pensar que está no comando. Eu precisava encontrar uma maneira de sair da situação que permitisse que minha dignidade — e meu corpo — permanecesse intacta.

E isto me ocorreu: *Diga que você está indo à igreja. Talvez, apenas talvez, isso o faça pensar em uma época em que ele já foi um bom menino na escola dominical. Talvez ele se lembre daquela senhora gentil que lhe ensinou histórias da Bíblia. Talvez ele se lembre de que alguém uma vez lhe disse*

MEDO DE NÃO TER O SUFICIENTE

que, na face de cada ser humano, existe um segredo divino. Talvez ele não te esfaqueie. Ou talvez você o esteja tratando com condescendência.

Peguei minha carteira, tirei uma nota de cinquenta rands e entreguei a ele, dizendo:

— Olha, cara, estou atrasado para a igreja.

Ele viu que havia outras notas na carteira, mas não as pediu. Talvez cinquenta rands fosse tudo o que ele queria. Ou talvez meu comentário sobre a igreja tenha transformado a interação, envolvendo-o como ser humano. Embora ele fosse um cara com uma faca e eu, um estranho, talvez o mais importante é que cada um de nós ainda era um ser humano.

Talvez nada do que estou pensando seja verdade. De qualquer forma, me sinto bem comigo mesmo enquanto desço a Long street em direção à catedral. Depois de alguns minutos, meu corpo começa a tremer, uma reação atrasada à ansiedade causada pelo cara que não queria me esfaquear.

Então, outro cara veio até mim e disse:

— Olá, meu amigo.

Eu continuei caminhando e ele repetiu:

— Olá, meu amigo.

Eu desacelerei o ritmo. Ele *gritou*:

— Olá, meu amigo!

Eu parei e ele ficou ao meu lado. Percebi que estava carregando uma sacola plástica. Não consegui ver o que tinha nela, mas ele continuou colocando a mão na sacola e tirando-a. Comecei a andar de novo, e inevitavelmente ele me seguiu.

— Meu bom amigo — disse ele, e comecei a me perguntar se ele realmente estava falando sério. Mas os movimentos rápidos das mãos, dentro e fora da sacola misteriosa, me deixaram ansioso. Portanto, decidi seguir a já consagrada tática de resistência não violenta e dizer a ele que estava indo à igreja. Um sorriso beatífico cruzou seu rosto.

CAPÍTULO 9

— Eu também sou cristão!

Bem, se você apenas tivesse dito *isso* antes, meu bom amigo. Eu estava sendo assaltado por um irmão! Aleluia! (Acho que isso pode ser visto como uma metáfora fascinante para o que se entende por ética pública: você pode empregar pessoas com baixos salários e em más condições, desde que não durma com seu vizinho; você pode construir mísseis para ganhar a vida, desde que não erre na declaração do imposto de renda; você pode roubar de estranhos, desde que o faça educadamente.)

Eu disse:

— Olha, se eu te der dez rands, você vai me deixar em paz?

Ele disse:

— Por que você não me dá vinte?

Assalto por negociação. Eu dou o dinheiro a ele e nos separamos. Para manter algumas reservas de ansiedade para a *próxima* vez que algo me assustar, decido pegar um táxi em vez de caminhar. Mas o motorista também tem suas artimanhas: trinta rands para uma viagem de três minutos.

E assim vou à Eucaristia da Quinta-feira Santa na Catedral da Cidade do Cabo, onde celebramos o ministério de Jesus aos pobres e a coragem do arcebispo que costumava pregar a justiça ali. E penso nos cento e cinco rands que gastei para chegar ali.

Eu queria fazer algo diferente de lutar, fugir ou paralisar em resposta aos três caras que haviam me ameaçado ou se aproveitado de mim de várias maneiras. Mas a ansiedade que senti por ter sido assaltado afastou meu desejo de ser inspirado pelo arcebispo Tutu. O medo tem uma forma poderosa de tornar impotentes seus melhores desejos e esperanças mais profundas. Mas, como sabemos pela história do homem condenado a uma noite em uma cela com uma corda que ele pensava ser uma cobra venenosa, o medo também pode ser produtivo. As autoridades, que na ocasião da falsa cobra provaram ser mais sábias do que as autoridades costumam ser, deram ao homem condenado a oportunidade de uma maior libertação, pois eram o tipo de autoridade amorosa que sabe que há algumas lições que só podemos aprender passando por experiências difíceis. Então, qual foi a dádiva do assalto?

CONSIDERE COMO A cultura pós-industrial em que muitos de nós vivemos define aquilo que é *suficiente* com base em elementos externos, particularmente na propriedade física. É um truísmo tão poderoso que parece inquestionável: aquilo que é *suficiente* significa o que você tem que eu possa ver. É dada especial atenção ao *que* transmite *status*: uma casa, um emprego, uma família (equiparada ao núcleo de dois cônjuges e filhos morando juntos), mais dinheiro do que se precisa, coisas. No entanto, todos sabemos que casas significam hipotecas, o que significa estresse. Poucos de nós estamos contentes com o emprego (que mantemos porque acreditamos estar sujeitos ao ciclo que define o termo *suficiente* exclusivamente em termos monetários), que dirá obter substancial nutrição espiritual dele. A família, conforme definida nos limites do subúrbio, é frequentemente local de ansiedade e de uma sensação de não sermos conhecidos dentro dela, e a felicidade não parece depender de ter mais dinheiro do que você precisa.

John Steinbeck estava certo ao dizer do sistema econômico: "Os homens o fizeram. Mas os homens não podem controlá-lo". O *suficiente* nunca é *suficiente*. Quando definimos satisfação com base no que derivamos de um sistema que não podemos, como indivíduos, moldar, estamos para sempre buscando algo que não pode ser tocado. A história bíblica do maná do céu que chega fresco todas as manhãs, mais do que suficiente para todos, mas que se torna velho quando é demais, é instrutiva. Se o *suficiente* — e falo sobre um tipo de suficiência que seja realmente *suficiente* — pode ser entendido como *verdadeira abundância*, então, para encontrá-lo, temos que olhar para além da maquinaria da contemporaneidade econômica.

CAPÍTULO 9

QUANDO EU TINHA cerca de 14 anos, dez libras era muito dinheiro e meu avô era um grande homem. Ele tinha 76 anos, vestia um sobretudo marrom, um *shillelagh** e boné de tweed, e seu queixo era grisalho, isso porque ele não via ninguém, exceto nós e o pastor, portanto não precisava se barbear todos os dias. Ele sempre colocava uma moeda de uma libra na minha mão quando eu saía e sempre tinha uma história da guerra para contar. Também sempre me dizia que eu poderia subir em seu quarto e pegar qualquer livro que quisesse. Ele tinha *Resistência e submissão: cartas e anotações escritas na prisão*, de Dietrich Bonhoeffer, *Autobiografia: minha vida e minhas experiências com a verdade*, de Mahatma Gandhi, *Sidarta*, de Hermann Hesse, e cerca de seis livros compilados da *Reader's Digest*. (Eu peguei Bonhoeffer, Gandhi e dois *Digest*.) Passava bilhar na TV (até os meus 10 anos de idade, era sempre em preto e branco, o que não é o ideal se você quer entender como funciona o bilhar), e sempre havia os sons de puxa e assopra de meu avô fumando um de seus sete cachimbos. O cheiro era sagrado, e eu sinto sua falta da maneira mais profunda, o que quer dizer que ainda posso senti-lo mesmo quando digito estas palavras, mais de um quarto de século depois de estar em sua presença pela última vez.

No verão de 1989, subimos a Belmont Road e passamos pelas bancas de jornal da Jewell (onde comprei minha primeira revista de cinema) e pelo vendedor de sapatos especializado em pés grandes (agora é um café; quase tudo que há na Belfast da minha infância tornou-se um café). Estávamos caminhando para um parque (que agora é um prédio de apartamentos). Foi o parque mais estranho que já tinha visto — basicamente uma laje de concreto na qual foram colocados oito círculos de cimento,

---

* Um *shillelagh* é uma bengala ou um bastão de madeira e está associado à Irlanda e ao folclore irlandês. (N. do T.)

MEDO DE NÃO TER O SUFICIENTE

que podiam ou não ter a intenção de ser degraus, mas foi assim que foram usados. Não sei se o conselho municipal chegou a ter a intenção de transformar esse lugar em um verdadeiro playground, com balanços e escorregadores e, você sabe, coisas reais para brincar. Quando eu tinha 14 anos, não era mais um saltador de pedra (felizmente, essa magia ressurgiu mais tarde), mas o parque era o limite da caminhada diária de meu avô, então eu sabia que era para onde sempre voltaríamos. Mal sabíamos nós que um milagre nos esperava.

Pouco antes de chegarmos ao parque, meu avô parou. Ele abaixou a bengala para pegar alguma coisa, apontou e disse: "Aí está; isso é seu". Era uma nota de dez libras. Alguém a havia deixado cair, e não sabíamos quem. (E se você é a pessoa que deixou cair uma nota de dez libras na Belmont Road em agosto de 1989, obrigado. Vou te pagar uma cerveja. Ou duas.)

Foi uma magia doida encontrar algo tão espetacular em meio ao concreto desolado. Foi uma magia doida ter um avô que encontra uma nota de dez libras e a pega com sua bengala e nem mesmo pensa em guardá-la para si. Foi uma magia doida ter dez libras no bolso. A magia mais doida é que um quarto de século se passou e ainda a sinto. Não me lembro dos contracheques que recebi nos últimos anos, mas me lembro da nota de dez libras que meu avô encontrou do nada e me deu sem nem mesmo pensar em si mesmo. Lembro-me do tom de sua voz, que não pode ser expresso no papel; lembro-me dele sorrindo; lembro-me de me inclinar para pegar a nota e perguntar se ele tinha certeza de que eu podia ficar com ela. Lembro-me de fazer uma viagem escolar naquele fim de semana e da alegria de ter dinheiro para gastar e da alegria de dividi-lo com alguém. Não era muito dinheiro, mas era muita magia.

Um assalto na África do Sul e uma tarde com meu avô. Duas histórias, dois passeios, duas moedas trocadas na rua. Escassez e abundância. O assalto é mais importante se eu acreditar no mito da escassez — de que nunca há o suficiente. Se um cara pensa que precisa tanto de dinheiro que

CAPÍTULO 9

sai por aí ameaçando as pessoas com uma faca para obtê-lo, isso pode significar que ele não foi iniciado em uma comunidade interdependente que o convida a pedir ajuda. Assim como acontece com o tubarão que só ataca as pessoas na praia porque pescamos demais no fundo do mar, se esperarmos o cara trazer uma faca — seria melhor antes tentar uma conversa sobre o que fazer a respeito disso —, estaremos limitando nossas opções para conseguir uma reação *menos pior* em uma situação perigosa.

Melhor seria reimaginar a sociedade por completo, cultivando comunidades nas quais até mesmo o cara com a faca e o cara cujos antepassados roubaram as terras dos ancestrais do primeiro podem pedir um cessar-fogo e começar a entender o que significa compartilhar o que temos. Há *sempre* o suficiente; a questão é se podemos ou não pedir por isso. A caminhada com meu avô é uma história adorável, mas vista através das lentes da história de que *sempre* existe mais do que suficiente, é o tipo de coisa que acontece todos os dias. Se apenas aprendermos a sabedoria de procurar nos lugares mais verdadeiros, fazer as perguntas mais verdadeiras e não seguirmos sozinhos, veremos que isso acontece conosco também. Tentar manter o que temos sempre leva à escassez, mas compartilhar sempre gera mais abundância.

O POVO MAASAI do sul do Quênia e do norte da Tanzânia costuma ser considerado um arquétipo da felicidade; quando a imagem pela qual você é mais conhecido no Ocidente é, literalmente, um pulo no ar, isso não é surpresa. Embora o salto maasai seja, na verdade, parte de um ritual sério de iniciação à idade adulta e a interpretação ocidental que projeta isso como uma alegre exuberância pode ser enganosa e até condescendente, parece verdade que os maasai são muito felizes. Como Ed Diener, o psicólogo mais conhecido por pesquisar a felicidade, diz: "Os maasai da África praticamente não têm renda em dinheiro — eles têm

MEDO DE NÃO TER O SUFICIENTE

gado. Mas os maasai podem atender à maioria de suas necessidades básicas e não estão expostos à mídia ocidental. Em contraste, os sem-teto na Califórnia — que geralmente têm uma renda muito maior do que os maasai — não são, em média, tão felizes. Eles não possuem o que os outros ao seu redor têm, e isso requer uma renda muito maior para atender às necessidades básicas de sua sociedade".

Eu argumentaria que atender às necessidades pode ser abordado com mais segurança quando expandimos nossos círculos de relacionamentos interdependentes em vez de dependermos de uma maior renda pessoal, mas Diener tem um ponto importante: os maasai podem atender à maioria de suas necessidades básicas, e eles não estão expostos à mídia ocidental. Não pode ser mais óbvio do que isso, pode? Acho que todos sabemos que há algo doentio na maneira como muitos de nós consumimos mídia — ou talvez, mais precisamente, somos consumidos por ela. Estou olhando pela janela do meu escritório para as belas folhas cobres de uma árvore no outono, e não há mediador entre nós. Estamos nos relacionando, e nada nos separa ou nos diz o que sentir ou onde precisamos estar. O papel da mídia de massa como "mediador" é digno de um interrogatório contínuo se quisermos encontrar uma maneira de viver em meio ao barulho.

Ironicamente, foi James Bond quem me ajudou a entender isso. Quem melhor para fazer isso, suponho, do que o arquétipo mais indelével do século XX de uma vida sem consciência?

Já ouviu falar de George Lazenby? A maioria das pessoas, não. Mas por um ou dois anos, no final dos anos 1960, ele foi o homem mais famoso do mundo. Depois que Sean Connery decidiu guardar sua Walther PPK e abandonar 007 (a primeira das três vezes que ele fez isso), os detentores dos direitos do personagem de James Bond contrataram um fisiculturista e modelo australiano para assumir as rédeas. Lazenby conseguiu interpretar Bond em *A serviço secreto de Sua Majestade*, que acabou se revelando um dos poucos filmes de Bond que realmente se passa por um filme muito bom por si só. A primeira fala de Lazenby no filme, depois de nocautear um punhado de capangas em uma briga na praia, é: "Isso nunca aconteceu com o outro sujeito". Lazenby fez o mesmo em sua vida fora das telas.

Depois de centenas de entrevistas, sessões de fotos e caminhadas no tapete vermelho, ele tirou um ano e meio de folga para navegar ao redor do mundo. Seu empresário o advertiu de que o hippie radical dos anos 1970 não veria com bons olhos a leve psicopatia de um espião fazendo negócios "de Homem", e isso deu a Lazenby a justificativa de que precisava para fazer o que ele já queria: sair do jogo Bond.

É por isso que provavelmente você nunca ouviu falar dele. Por um ano ele foi o rei do mundo; sua carreira de ator depois disso não saiu da maneira como esperava. Mas, quando o entrevistei para um programa de rádio, ele disse que não se arrependia de nada, pois, se tivesse continuado como James Bond, nunca teria encontrado a vida que tem hoje. Se tivesse continuado como James Bond, *nunca teria conseguido ser ele mesmo*. Na verdade, ele percebeu que nunca quis realmente ser um ator em primeiro lugar — era a vida falsa de garotas e armas e viagens exóticas e matar bandidos impunemente que o atraía. Ele teve que fazer isso uma vez. Por que iria querer fazer isso de novo?

HÁ ELEMENTOS COMUNS entre a nota de dez libras de meu avô, os níveis de felicidade do povo maasai e o homem que desistiu de ser James Bond.

> *Autenticidade.* Meu avô não tentou esconder o dinheiro de mim e sabia que seria uma escolha mais nobre doá-lo. Os maasai não fingem ser outra coisa senão maasai, e, quando suas interpretações

MEDO DE NÃO TER O SUFICIENTE

vivificantes da realidade são honradas, as coisas vão bem. George Lazenby sabe a diferença entre uma vida falsa e uma vida real.

Comunidade. Quando meu avô me deu a nota de dez libras, ele firmou um vínculo ainda mais forte do que existia anteriormente entre nós. Tenho certeza de que vou me lembrar dessa história pelo resto da vida, e a verdade do amor de meu avô está sempre comigo, embora ele já tenha morrido há mais de duas décadas. A felicidade do povo maasai está ligada aos seus laços comunitários, aos seus rituais de passagem à idade adulta e expressão de necessidade, e a uma sensação de segurança entre as pessoas. George Lazenby sabe que sua alegria está ligada à experiência de relacionamento com outras pessoas.

Tempo. Quando meu avô me deu a nota de dez libras em vez de ficar com ela, estava comprando uma experiência para si mesmo: a experiência da alegria ao fazer alguém sorrir. Certamente foi um prazer e definitivamente um investimento em outra pessoa; ele pagou essa sensação com a doação, mas acho que "consumiu" a experiência mais tarde, provavelmente várias vezes. Essa experiência nos deu tempo, e ainda me dá tempo agora. Quando aconteceu, e por anos depois — e até hoje —, meu avô e eu realmente tínhamos tempo. Os maasai administram seu mundo como uma dança com o ecossistema, não como uma batalha para conquistar a terra. George Lazenby abriu mão de riquezas e fama incalculáveis, mas ganhou tempo. Por quase meio século, ele tentou possuir sua história.

Os estudiosos Elizabeth Dunn e Michael Norton sugerem em seu livro *Dinheiro feliz: a arte de gastar com inteligência* cinco princípios para a relação entre consumo e felicidade: (1) compre experiências; (2) torne-as especiais; (3) ganhe tempo; (4) pague agora, consuma depois; (5) invista nos outros. Essas são maneiras imensamente poderosas de pensar sobre como se relacionar com o dinheiro, mas há uma verdade ainda mais libertadora a ser descoberta. Pois, se você participa de uma comunidade autêntica que honra o tempo, a noção de quanto dinheiro você "tem" no banco começará a ter menos importância.

Autenticidade, comunhão e tempo querem dizer tudo sobre *conexão*: com a integridade, o mundo, o tipo de respiração que cura nossa insanidade. Para mim, a definição de abundância é a oportunidade de ter autenticidade (contando sua própria história), comunhão (compartilhando seus dons e pedindo pelo que precisa) e tempo com amor (indo além da preocupação com o amanhã e honrando as horas que você tem hoje). Não ter o suficiente, sob essa visão, tem muito pouco a ver com dinheiro "privado" ou propriedade.

"ANTES DE PODER lutar, você tem que saber pelo que está lutando." A autora e ativista Naomi Klein atribui essa frase aos líderes aborígenes que insistiam para que ela ficasse imersa por dias na experiência cultural antes de iniciar as sessões de estratégia ativista. Ela precisava conhecer a terra, as pessoas e a música que elas faziam antes de estar pronta para assumir o trabalho de desafiar a invasão industrial do governo.

Mas tal sabedoria não se aplica apenas aos objetivos elevados de transformação social; também se aplica à experiência de simplesmente viver. As regras da nossa economia criaram um sistema de esteira transportadora dedicado a despertar os inocentes, uma visão da vida como uma escada cujos degraus são definidos por saldos bancários, em que o poder sobre os outros é mais valorizado do que o poder sobre si mesmo e em que as coisas que se fazem por amor são vistas como um efeito colateral de realizações econômicas, e não como um fim em si mesmo.

Seguir as regras de nossa economia sem pensar é como entrar no ringue de um pugilista e se deixar levar uma surra sem nunca perguntar

MEDO DE NÃO TER O SUFICIENTE

por quê. Nossos valores culturais dominantes ditam que devemos lutar para ser ricos ou famosos e que contentamento e dinheiro andam de mãos dadas. Eles estão errados. Estou sugerindo que o recurso mais precioso não é dinheiro ou reconhecimento e que, de fato, cada um deles tende a se corroer. O recurso mais precioso é, na verdade, o tempo.

O que fazemos com o tempo? Vamos deixá-lo nos controlar? Como podemos aprender a trabalhar com o tempo? Podemos aprender a viver de um lugar interior que conhece o próprio poder de ser guiado pelo amor? Oscar Wilde disse que o arrependimento pode mudar até mesmo o passado. Acho que ele quis dizer que abandonar um antigo padrão pode conceder uma nova perspectiva de vida e fazer com que as velhas lutas valham a pena.

A cultura dominante pode perguntar: Quem somos nós para achar que podemos viver de maneira diferente dos outros? Quem somos nós para achar que podemos ignorar as regras do crescimento industrial sem fim e ficar em silêncio, desfrutando mais do amor do que do dinheiro? Podemos responder perguntando: Quem a cultura pensa que é para nos impedir disso? O que ela pensa que somos, máquinas? Quem somos nós para suprimir uma revolução de bondade e sanidade que criará um mundo no qual o tempo é nosso amigo?

———————

VAMOS AGORA PARA Cuba. As ruas de Havana, como as de Nova York, Paris ou Jerusalém, são miticamente vivas de cor e sons. Ao contrário de Nova York, Paris ou Jerusalém, quando você está andando em uma rua de Havana, pode se deparar com um homem fazendo a barba. Ele estará olhando para um espelho pendurado em uma parede, vestindo uma camiseta regata e uma camisa com os botões desabotoados por cima, como uma espécie de modéstia paradoxal que colide com a autoexpressão um tanto nua de fazer suas abluções em público. Em Cuba, Moçambique ou na Islândia, você verá pessoas fazendo coisas que as culturas tecnocráticas dominantes insistem que

133

CAPÍTULO 9

devemos esconder. Coisas como fazer a barba na rua ou dançar sem camisa no mercado ou pular sem roupa em uma piscina de gelo, sem vergonha.

Você não vê pessoas fazendo a barba nas ruas de Belfast ou, se vir, pode imaginar que não estão bem. Barbear-se em Belfast, Nova York, Paris ou Jerusalém é um empreendimento comercial por excelência. Vá aos corredores de qualquer supermercado, e é fácil ficar impressionado com a variedade de produtos disponíveis para convencê-lo de que a limpeza facial requer mais do que um simples pedaço de aço afiado e um pouco de sabão. E o que fazemos com esse campo é muito estranho: gastamos bilhões de dólares em algo que escondemos de todo mundo. Ainda assim, descendo a rua em Cuba, há um homem fazendo a barba. Ele vai viver o seu dia, sem se preocupar com o que os outros pensam dele. Os motivos podem ser muitos, mas certamente estão ligados a um simples fato que distingue Cuba das culturas dominantes: a falta de publicidade.

Atribuímos tanta importância ao ato de limpar o rosto que o *slogan* para os produtos de uma das maiores corporações do planeta é "o melhor para o homem". O *slogan* sugere que felicidade ou amor, comunhão ou contentamento espiritual são impossíveis de alcançar ou não tão valiosos quanto o processo pelo qual você barbeia o queixo, na vã esperança de se parecer com qualquer estrela do futebol ou do tênis que anuncie seu visual nos dias de hoje. Mas em Cuba não há publicidade, então não há *outdoors*, o que significa que não há espelhos públicos refletindo noções idealizadas de beleza e sucesso.

Se significado tem a ver com conexão, e se conexão tem a ver com autenticidade, e se a vergonha é o medo de perdermos nossa conexão porque o que nos deu significado está sob ameaça, então a intenção da publicidade é muito simples: ela reflete uma imagem totalmente irreal de como podemos ser na vida cotidiana, apresenta bens e serviços como se fossem deuses e salvações e tenta nos fazer sentir falta de algo como se representasse nossa própria vida.

A velha história sobre o pescador e o capitalista de risco vem à mente. O pescador se contenta em sustentar a família; ele fica no barco um ou dois dias por semana e ama sua comunidade, aprende e dança o resto do tempo. Seus vizinhos fazem a mesma coisa, e todos compartilham o que possuem.

O capitalista de risco chega e quer levar as coisas para o próximo nível. Ele quer investir em infraestrutura para que o pescador possa expandir seu negócio, conquistar as vilas ao longo da costa e contratar outras pessoas para pescar também. Quando o pescador pergunta ao investidor por que isso tudo, a resposta é previsível.

— Em cerca de trinta anos, você poderá se aposentar — diz o capitalista.

— O que eu faria então? — pergunta o pescador.

— Então você poderia desfrutar do seu barco, talvez sair alguns dias por semana, e no resto do tempo poderia desfrutar da sua comunidade, aprender e dançar.

O QUE CHAMAMOS "economia" não o é de fato. Como comumente entendido, os bancos e os cofres públicos governam as coisas, o trabalho e a terra devem ser explorados, o capital e o dinheiro são os geradores da atividade e do objetivo. Mas essa matriz não abrange nem remotamente as inúmeras maneiras sagradas pelas quais os humanos interagem, compartilham e transacionam. Por um lado, sabemos que o que muitas vezes é denominado *trabalho doméstico* foi omitido das definições convencionais de atividade econômica, e há também uma vasta gama de funções que os humanos assumem com espírito de dádiva. A economia em que vivo inclui pessoas fazendo coisas sem recompensa, apenas fazendo; ou pagando depois e compartilhando dinheiro, tarefas e objetos significativos; ou optando por uma economia alternativa de troca. Nessa economia, "bens e serviços" podem merecer seus nomes. A

CAPÍTULO 9

economia convencional prospera (ou cai) com base no mito da escassez. Todos os meus medos de não ter o suficiente são moldados por esse mito. Notoriamente, quando o patrimônio líquido de John D. Rockefeller era cerca de um por cento de toda a "economia" dos Estados Unidos, ele respondeu à pergunta de quanto dinheiro seria suficiente dizendo: "Só um pouco mais". Você não precisa ser o Rockefeller para ser governado pelo mito da escassez, não importa quanto dinheiro haja no banco em relação às suas necessidades. A única maneira de se livrar do mito da escassez é desertar para a economia da dádiva interdependente. Isso não significa necessariamente liquidar ações e dar uma festa ou viver fora da rede (embora possa); mas significa escolher conscientemente substituir o mito da escassez por uma história de vida de abundância. E, nesse caso, a melhor forma de contar uma história é vivê-la.

Nosso pescador conhece as coisas que fazem o amor; nosso capitalista de risco pensa que não pode ter essas coisas até que esteja quase morto. Vamos ouvir o pescador — embora não condenemos o capitalista de risco. A melhor maneira de superar algo ruim é fazendo algo melhor. É bom enfrentar o que não funciona. É melhor reparar o que não funciona fazendo algo que funcione. É bom notar nossas inadequações, nossas vulnerabilidades, nossos erros. É melhor aprender com eles e arriscar-se no processo de reparação de danos. Como melhores amigos de nós mesmos, podemos olhar interiormente com amor e observar se já temos o suficiente. A resposta para a escassez é a generosidade.

Diz-se que as crianças nos campos de refugiados da Segunda Guerra Mundial tinham dificuldade para dormir porque temiam acordar famintas e sem teto novamente. Alguém com sábio discernimento espiritual decidiu dar a cada uma delas um pedaço de pão antes de dormir. O pão tornou-se um símbolo da garantia de que ainda haveria comida pela manhã — que elas teriam o suficiente hoje e o teriam amanhã.

Durante anos fiquei focado no meu sentimento de falta: o que eu não

MEDO DE NÃO TER O SUFICIENTE

tinha, o que me fazia sentir incompleto. Eu também vivi da minha sombra, não do meu remédio. Estava tão desesperado por manter algumas coisas como "minhas" que até me apeguei à minha vergonha pela vida; pelo menos isso é algo que eu poderia sentir que era meu de fato. O que descobri foi como a simples graça de praticar a gratidão pelo que já nos é mais do que suficiente pode abrir essa parte do nosso coração. O que aprendi é que você não precisa curar todo o seu abatimento antes de começar.

É assim que funciona, os humanos juntos em um planeta giratório. É assim que nós fazemos. Notamos o que temos. Descobrimos como compartilhá-lo. Observamos de que precisamos. Descobrimos como pedir por isso. Agradecemos. E cocriamos milagres. Um passo por vez.

A QUARTA FORMA DE NÃO TER MEDO: SEJA GENEROSO COM OUTRA PESSOA

A RESPOSTA PARA a escassez é a generosidade. Compartilharei uma prática no capítulo 11 que nos ajudará a multiplicar a generosidade estabelecendo conexões interdependentes com outras pessoas, compartilhando fardos, bênçãos, responsabilidades e até mesmo necessidades materiais. Por enquanto, divido aqui uma breve prática para que você possa fazer por conta própria, assumindo a generosidade em relação a si mesmo e aos outros e experimentando a abundância que já temos.

Reserve uma hora para não fazer nada. Faça com que seja um ato de resistência ao modo como o mito da escassez nos exige lealdade absoluta, até na maneira como usamos cada segundo. Seja generoso consigo mesmo. Receba a dádiva do tempo.

Depois de meia hora, tire a atenção de cima de sua própria vida e, com os olhos da mente, observe calmamente o rosto da pessoa que precisa ler uma carta sua.

137

CAPÍTULO 9

Escreva. Não mais do que frente e verso de uma página. Mas faça uma carta de verdade, escrita em um papel de verdade com uma caneta de verdade.

Envie-a. Ame-os.

Faça algo assim uma vez por semana. E você saberá que sempre há o suficiente.

capítulo 10

medo de ser fragilizado para sempre

As crianças devem ser ensinadas a pensar, não o que pensar.

—Margaret Mead

ERA O VERÃO de 1985 — você sabe, *Os goonies*, *De volta para o futuro* e as noites mais longas que já conheci. Eu tinha 10 anos e eles 15 e, embora não os veja há mais de um quarto de século, nossos destinos foram cruzados de maneiras que nunca entendi até começar a escrever este livro.

Não há necessidade de dizer o nome deles porque não merecemos que os erros que cometemos quando crianças nos assombrem como adultos. Reparar os danos pode ser o preço que somos convidados a pagar e a dádiva que podemos obter, mas não podemos tomar essa decisão por ninguém a não ser por nós mesmos. Quando nossa vulnerabilidade é violada, podemos experimentar ciclos repetidos de trauma; o legado pode nos dominar até que comecemos a reescrever a história. O medo de sermos fragilizados para sempre perde parte de seu poder quando aceitamos que um dos fatos universais do ser humano é experimentar feridas que não apenas deixam cicatrizes mas também aterrorizam, e que podemos, cada um de nós, ter contribuído para ferir significativamente outras pessoas. Mas todos nós podemos nos curar.

O que aconteceu naquele dia de 1985 foi arquetípico. Foi algo no reino

CAPÍTULO 10

do mito ou da tragédia grega — o que não me torna especial, porque algo assim provavelmente aconteceu com você também. Em geral, não sabemos como interpretá-lo: vê-lo como ele realmente é e transformá-lo em algo bom. Uma chave para essa transformação é que, se interpretarmos a ferida original em termos míticos, a cura também precisará do mito.

Eles formavam uma pequena gangue local de agressores, e eu era um dos nerds locais. Quando eu os via chegando, já sabia que significava perigo. Eles andavam por ali como uma equipe em suas bicicletas BMX, e eu me escondia. O líder deles me bateu no rosto uma vez, por motivos totalmente incompreensíveis. Eu não tinha feito nada que pudesse motivá-lo a isso. Eu era apenas uma criança. Estava apenas parado lá. Eu não tinha o poder de fazer nada que justificasse um tapa defensivo da parte dele. Fora violência pura, do nada, apenas para mostrar a seus companheiros que ele poderia fazer isso. Ele era o macho alfa, eu era a presa, e modos pré-históricos de ser ainda estavam trabalhando a favor do valentão.

Eu compartilho essa história não por uma questão de simpatia, nem para despertar medo, e certamente não para provocar as memórias traumáticas de qualquer um de vocês, preciosas almas que estão lendo este livro. Então, deixe-me dizer uma coisa: há um final feliz. E estou disposto a apostar que existe um final feliz para você também — e para todos nós. A história de impotência permanente, violação perpétua, vitimização eterna e feridas abertas é uma espécie de armadilha. Isso nos coloca em um ciclo de fuga e retorno a algo que aconteceu e que, apesar de horripilante, acaba nos instigando. Para nos libertar desse ciclo, devemos reescrever a história. E nós podemos.

EU NÃO ME lembro de todos os detalhes e posso me confundir um pouco com as datas, mas resumindo, em algum momento, me vi amarrado a uma árvore. Eu estava tão sozinho que acho que consenti ser

MEDO DE SER FRAGILIZADO PARA SEMPRE

amarrado, apenas porque significava que poderia participar de algo com outras pessoas. Às vezes, fazemos parte de nosso próprio *bullying* porque não aprendemos outras maneiras de sentir ou simplesmente pedir o que realmente queremos. Esse paradoxo não é exclusivo da infância.

Eles estavam me ameaçando. Eles usaram um canivete para me amedrontar, mas, quando você tem 10 anos e está encurralado, o tamanho da arma não importa. "Admita que você é *gay*", eles grunhiram.

Eu não sabia o que era ser *gay*, além da vaga ideia de que tinha algo a ver com homens. E em algum lugar inacessível a mim ainda, sabia que tinha relação comigo. Eu não tinha nenhum sentimento consciente de atração por ninguém ainda, nem meninos, nem meninas. Mas havia, mesmo então, algo mais profundo e inarticulado interiormente que me dizia que eu era diferente e que *esse* tipo de diferença podia realmente ser *meu* tipo de diferença. Claro, esse pensamento me apavorou, embora não tanto quanto aquele adolescente com sua gangue e o canivete.

No entanto, além de estar apavorado, havia uma alegria paradoxal, ou seja, eu me sentia tão só naquela época que qualquer atenção era bem-vinda, mesmo que fosse sob a dor do esfaqueamento homofóbico. Então, em uma mistura de medo e esperança por mais atenção, eu disse: "Ok, ok, ok, eu sou *gay*!".

Em um momento que pareceria irreal em uma versão ficcional da história — mas, garanto, isso realmente aconteceu —, um homem que morava num prédio ali perto abriu a janela do segundo andar e gritou com o valentão e a gangue dele, pedindo para ele me deixar em paz. Para me desamarrar e me libertar.

No esquema irracional das coisas, todos nós fomos brincar de esconde-esconde juntos. Foi durante essa brincadeira que um dos meninos mais velhos me coagiu agressivamente a um ato sexual que eu não queria.

Mais terror.

Profunda confusão.

CAPÍTULO 10

O trauma que me invadiu naquele dia me levou aos lugares mais sombrios e tristes. Por décadas, nos confins desses locais, havia uma porta. E do outro lado da porta estava um tesouro.

Todos nós temos um lugar secreto que tememos revelar. Para muitos, esse lugar se torna o laboratório em que experimentamos a autorrejeição. Tememos que nossa fragilidade seja permanente. Que nunca seremos capazes de nos reconciliar com nós mesmos. Essa história muitas vezes surge de um momento como este que acabei de descrever; também pode vir de uma série de eventos repetidos. Surge uma história que diz que somos de alguma forma responsáveis pela dor que sentimos nas mãos dos outros ou que há algo errado conosco porque não nos encaixamos no mundo. Essa história pode se tornar uma ferida ainda maior do que a original. Quando a história não é recebida com empatia adequada, o trauma se instala. Seu medo de se machucar permanentemente pode não ser igual ao meu. Mas existem ressonâncias universais que todos podemos reconhecer, tanto na ferida quanto na cura.

NÃO CONSIGO LEMBRAR uma época quando criança que não achasse que garotos e garotas eram lindos. Na idade adulta, todo o espectro de gênero me parece um campo da flora extraordinariamente diversificado: crisântemos, musgos, rabanetes, aspargos, heras, cravos, morangos, mogno, algas e narcisos. Meu amigo Mark uma vez se perguntou, enquanto meditava sobre as pobres almas ignorantes *gays* ou heterossexuais (que carinhosamente ele chamou de "monossexuais"), como seria possível amar árvores, mas não rios, Montgomery Clift, mas não Elizabeth Taylor. Para mim, Michael J. Fox e Demi Moore. Ambos adoráveis, ambos inacessíveis.

É claro que alguns de nós apenas somos assim, ou talvez tenhamos sido feitos, simplesmente, com o *potencial* de nos abrirmos para amar

MEDO DE SER FRAGILIZADO PARA SEMPRE

um pouco mais amplamente. De qualquer forma, estar apaixonado, confiar na beleza e defender as graças de todo o espectro de gênero é, para mim, nada mais do que o jeito que sempre fui.

Foram a Igreja e a cultura, com medo da liberdade, que me disseram *não*. Quando eu tinha 10, 16 e 23 anos, eu não tinha alternativa. A única vez que ouvi a palavra *gay* estava no contexto de pecado, doença ou — devido às excentricidades específicas de minha própria igreja — demônios. Não ouvi outro ser humano dizer que homens amarem homens é algo bom até os meus 20 anos. Não conheci uma pessoa assumidamente *gay* até os 25 anos. Não li um livro nem ouvi uma palestra que me dissesse que a atração de homens por outros homens não é apenas um fato da natureza, mas algo abençoado pelo Amor. Eu não tinha certeza de que alguns homens amam todo o espectro de gênero — eu nem sabia que havia um espectro de gênero — até os meus 35 anos.

Ao longo do caminho, houve exorcismos, incluindo o de um homem gentil que me disse que não queria ferir meus sentimentos, mas que, depois de me libertar dos demônios da luxúria e da baixa autoestima, realmente sentiu que havia mais um. "É a homossexualidade?", sussurrei, desesperado para ser aceito, mas sem compreender que estava sendo convidado a perder parte de mim. "Sim", ele sussurrou de volta.

Seminários e livros teorizaram sobre como o desejo pelo mesmo sexo é uma reação patológica a ser violado sexualmente quando criança ou a ter um pai ausente ou agressivo (em homens). Os fatos — de que a maioria dos sobreviventes de abuso sexual, como os seres humanos em geral, é heterossexual e que a maioria das pessoas cujos pais às vezes são ausentes ou agressivos também é heterossexual — eram de alguma forma invisíveis para líderes de seminário e autores de livros. Quando você está tentando usar a ciência para aumentar o preconceito enraizado em uma interpretação errônea de um livro descontextualizado de dois mil anos de idade, em parte porque está com medo de que Deus o

CAPÍTULO 10

mate se você acreditar nas coisas erradas, bem, você pode querer reconsiderar seu ponto de partida. Ainda assim eu acreditei neles.

Houve também aconselhamento — de outra pessoa gentil, que me ensinou alguns bons limites nos quais a codependência era o tema, mas ainda afirmou que eu estava patologicamente envenenado e que meu anseio por estar nos braços de alguém era uma obra de Satanás. Foram anos de celibato autoimposto, pois, se eu estava de fato envenenado, certamente também poderia *envenenar* outras pessoas, e, portanto, era melhor não envenenar mais ninguém.

Houve, então, um fim de semana de amor espontâneo com um lindo homem, em que minha homofobia autodirigida foi superada por sua franqueza e nossa conexão. Já faz muito tempo, mas a memória ainda preenche meus sentidos: a ternura assustadora de um braço em volta do ombro se transformando em uma carícia suave na bochecha, o movimento das coxas mais próximas no sofá, o terror de querer acariciar meu rosto contra o dele, a percepção de que estávamos nos beijando antes de realmente sabermos, o calor de nosso corpo próximo um do outro, o coração aberto, abraçando o amor, ouvindo, respirando juntos, a segurança. E medo. Pois, em meio ao êxtase de ser abraçado por alguém que não me julgou, e era forte o suficiente para me carregar, e vulnerável o suficiente para ser carregado, havia uma voz interior que dizia que Deus me mataria.

Sua atração por homens é pecaminosa, disse a voz. *Deus tem vergonha de você. Você também se sente atraído por mulheres. Definitivamente, há algo errado com você. Você nunca poderá falar sobre isso. Você terá que esconder isso pelo resto de sua vida.*

Então, logo após o fim de semana, fui procurar meu pastor e confessei o que tinha feito. Fui sugado por um túnel de desespero, e por uns bons doze meses fui pesaroso pelo que chamei de *culpa*, mas era realmente autorrejeição. O que chamei de *arrependimento* foi de fato

MEDO DE SER FRAGILIZADO PARA SEMPRE

uma tentativa desesperada de manter o sentimento de pertencimento a uma comunidade que, apesar de estar cheia de gente adorável que realmente queria ser boa, tinha limites que incluíam eu negar minha humanidade. Que me dizia que amor é pecado. Essa ternura era veneno. Que um pouco de calor com outra pessoa, em uma noite fria, era o suficiente para me deixar possuído por um demônio ou para sempre dilacerado.

Existe um clichê em alguns círculos cristãos que afirma que Deus não permitirá que você seja testado além do que pode suportar. Às vezes, isso é reconfortante. Mas, quando você o analisa, não significa a real intenção das pessoas. Claramente não quer dizer que seu sofrimento nunca o matará, já que muitas pessoas morrem de maneiras que não escolheriam. Na maioria das vezes, isso significa que existe uma parte da alma humana que não pode ser destruída. Muitos de nós podemos estar sem contato com essa parte, e a boa notícia é que podemos cultivar práticas, hábitos e relacionamentos que abrem o canal para acessá-la. Acho que foi assim que Etty Hillesum e Viktor Frankl enfrentaram o Holocausto; na verdade, pode ter sido dessa forma que ambos *sobreviveram* apesar de Etty ter sido assassinada e a esposa, o pai, a mãe e o irmão de Viktor também terem sido mortos. Eles sabiam, ou descobriram ao longo do caminho, que existe um valioso núcleo da alma humana que não é possível abalar por terremotos, ser derretido por lava nem corroído por ácido.

A maioria de nós, é claro, não experimentou nada parecido com o sofrimento infligido a Etty Hillesum e Viktor Frankl. Até mesmo *devemos* ter cuidado ao chamá-los de professores admirados. Mas imagino que Etty e Viktor gostariam que o espírito de suas palavras, formado na mais terrível das circunstâncias quase oitenta anos atrás na Tchecoslováquia e na Polônia, oferecesse consolo a alguém como eu, em Belfast ou na Carolina do Norte, hoje. Ou a você, onde quer que esteja. Com efeito, não é verdade que o testemunho dos que mais sofreram convida os que sofreram menos a aprender com eles? Em alguma medida, nós não devemos a eles a forma melhor que vivemos hoje do que viveríamos caso contrário? Amar mais aos outros, perdoar mais, compartilhar mais? E amar a nós mesmos?

"Deus não permitirá que você seja testado além do que pode suportar" não significa que Deus não permitirá que o *matem*. Significa que Deus não permitirá que a realidade mais profunda de quem você é seja destruída, mesmo que o matem. Sua parte é escolher a vida, mesmo diante do terror.

NO FIM DAS CONTAS, esses anos de desespero, culpa equivocada e arrependimento desnecessário se transformaram em uma dádiva. Porque esses tormentos e confusões eram o tipo de insanidade que, se não destrói sua mente, força você a sair de debaixo dela. Quando a religião e a cultura me disseram que havia algo de errado comigo porque eu amava homens, estavam invertendo os polos da verdade. Elas estavam alegando ser vítimas da *minha* diferença. O opressor estava pedindo ao oprimido que assumisse a responsabilidade pela opressão e fingisse que a opressão era um presente de Deus. Minha mente não aguentava mais. Então ela implodiu.

O peso do conflito entre a teologia homofóbica e o respeito próprio estava me matando. Quando a poeira baixou, sabia que tinha que deixar um deles para trás, e, vendo apenas mais (auto)punição se permanecesse como estava, finalmente comecei a me retirar. Desertei das estruturas religiosas das quais recebi muita bondade, mas por meio das quais também internalizei a mensagem de que estava doente, de que era pecador e até satânico.

Nenhum de nós merece a dor que essa história causou. A ideologia doentia — a religião da purificação, a política do império — cria muitas vítimas. As primeiras vítimas, e aquelas que mais sofrem, são bodes expiatórios: pessoas usadas pelo sistema de dominação para construir

MEDO DE SER FRAGILIZADO PARA SEMPRE

suas pirâmides, cultivar suas plantações, ser seus degraus. Esse sistema nega o corpo e tem tanto medo de um deus ou "das autoridades" que tende a culpar e matar, em vez de aceitar as complexidades da vida. Esse sistema vê as pessoas como coisas, por isso mesmo aquelas que estão no topo sofrem. Esse sistema tenta colocar os seres humanos em hierarquias de pureza. Não devemos consentir isso, e qualquer privilégio que possamos ter como resultado de um sistema injusto deve se tornar o ponto a partir do qual servimos aos outros.

Assim como as partes fragilizadas dos sistemas e as que estão sendo resgatadas muitas vezes se sobrepõem em nossas próprias histórias pessoais, geralmente não há uma marca clara entre o que foi ferido e o que foi curado. Sempre havia cura acontecendo, mesmo enquanto o ferimento estava em andamento. Os grandes saltos para a frente costumavam ser acompanhados por dois passos para trás. Às vezes, eu me perguntava se já havia me transformado. E ainda hoje posso ouvir a voz baixa, perturbadora e cortante da homofobia internalizada. Hoje é mais tranquilo, porque descobri ritos de passagem psicologicamente maduros e uma comunidade espiritual saudável. Aprendi que o grau em que podemos compartilhar nossas verdades mais vulneráveis de forma saudável é o grau em que nossos ouvintes as tratam com ternura, admitem os limites daquilo que conhecem e são responsáveis por seus conselhos. Também sei que falar sobre nossa dor pode nos "retraumatizar" inconscientemente, mas, com atenção prudente, com o tempo podemos chegar a um ponto em que raramente precisamos falar sobre isso. Mais do que isso, podemos aprender a compartilhar nossas histórias de maneiras que não apenas nos protejam do mal, mas também ajudem a curar outras pessoas.

Uma fase importante da minha cura começou quando respondi ao questionário que sugeria que duas respostas *sim* seriam indicativas de TEPT. Quando marquei *sim* para trinta e oito das quarenta perguntas, finalmente percebi que não apenas precisava de ajuda, mas também de-

CAPÍTULO 10

veria haver outras pessoas como eu. Terrores noturnos, dificuldade para dormir, experiências assustadoras se repetindo constantemente em minha mente, autoaversão, autoacusação por coisas que outros faziam: isso nunca deixou de existir.

Mas agora esses sentimentos não estão tão próximos de mim, pois encontrei um abrigo. Veja, um abrigo é mais do que quatro paredes e um teto. Abrigo, que é o quarto pilar necessário para a vida, ao lado de alimento, água e ar, não se trata apenas de proteção contra elementos físicos. Nesses dias de envolvimento com a realidade mediado pela tela, ser *excessivamente* protegido desses elementos é, na verdade, uma das raízes de nossa doença. No entanto, não importa se temos a parte física do abrigo, podemos nos voltar para uma forma mais profunda dele, aquele tipo que não requer paredes nem um teto.

Escrevi anteriormente que um abrigo não derrota os elementos físicos, mas simplesmente os torna irrelevantes. E um abrigo é uma espécie de história. É um cobertor que estamos tecendo para nos cobrir, envolvendo-nos em seu calor e sua esperança. Um abrigo confiável para histórias é um verdadeiro tesouro. E um abrigo confiável para histórias tem três elementos: *mentores, vocação* e *comunhão*.

Nós precisamos de *pessoas mais velhas e mentores* em nossa jornada: pessoas que já chegaram mais longe em seus caminhos do que nós até agora. Precisamos de pessoas mais velhas que possam afirmar nossos dons, aparar amorosamente nossas arestas menos úteis, oferecer um ombro para chorarmos e bater palmas para nos celebrar e nos questionar quando estamos muito apaixonados por nossa própria imagem.

Precisamos de um senso de *vocação*: clareza sobre o lugar que ocupamos no mundo, o dom que recebemos e somos convidados a compartilhar com os outros e o trabalho que temos pelo bem comum.

E precisamos da *comunhão* de pessoas: um grupo suficientemente pequeno que nos conheça de verdade, constituído por pessoas empenhadas

MEDO DE SER FRAGILIZADO PARA SEMPRE

no caminho da maturidade espiritual e no serviço ao bem comum. Em outras palavras, precisamos de um pequeno grupo alegre de pessoas dedicadas a amar a Deus, ao próximo e a si mesmas.

VAMOS OLHAR PARA cada um destes três aspectos de um abrigo resistente para histórias.

> *Mentores.* Os mentores costumam ser mais velhos do que nós. Mas, às vezes, são nossos colegas: amigos íntimos com quem podemos compartilhar as tristezas mais dolorosas e obter um sorriso de reconhecimento — afinal, embora uma parte de toda dor deva ser sofrida sozinha, não há dor que não tenha sido experimentada pelo outro. Às vezes, os mentores são as pessoas com quem compartilhamos nossa vida mais profundamente e ainda nos sentimos seguros. Quem quer que sejam e por mais que estejam presentes, os mentores mais verdadeiros são aqueles que o amam sem ganho pessoal algum, que investem em você com limites saudáveis e sabem que, embora possam não estar por perto para colher o que semearam, o que eles estão transferindo a você beneficiará gerações a partir daí.
>
> Às vezes, são curandeiros — como Dave, o terapeuta, com quem passei três anos aprendendo a respirar, a andar e a falar de maneiras que me ajudariam a expandir e não a me contrair. Aprendi a guardar o passado com ternura para que minhas memórias dolorosas não fossem mais uma granada cujo pino havia desaparecido, deixando-me tremendo enquanto tentava impedi-la de explodir.
>
> Dave me ensinou que às vezes falar sobre nossa dor é a pior coisa que podemos fazer. Até que aprendamos a entrar em con-

CAPÍTULO 10

tato com aquela parte de nós que é maior do que a dor e a ser gentis com a forma como nosso corpo retém o trauma, falar sobre ele pode apenas repeti-lo. Nossos trilhos foram deixados pelos monstros em nossa cabeça, e continuaremos caminhando por eles até colocarmos outra pessoa no comando para nos sinalizar um novo caminho. Mas o milagre de como o cérebro humano funciona é que podemos, com ajuda amorosa e prudente, sair desses trilhos que têm nos restringido à autorrejeição. Podemos criar novos trilhos, mesmo enquanto o trem se move. O primeiro passo é desacelerar o trem o suficiente para pegar um pouco de lenha nova.

Alguns dias são melhores que outros, por isso viajamos devagar, construindo o trilho à medida que avançamos com a lenha que recuperamos da floresta que margeia o caminho. Às vezes, essa lenha virá de mentores que nos mostram áreas da floresta em que não entramos antes. Esse foi certamente o caso da terapia do trauma que experimentei. Às vezes, paramos para olhar ao redor, observando o lugar onde a sensibilidade induzida por nossas feridas atende às necessidades do mundo. Frequentemente, encontraremos informações importantes sobre quem de fato somos e por que estamos aqui.

Comunhão. Aprendi que não posso fazer isso sozinho. Aprendi a me reunir em grupos de três a doze pessoas e a mergulhar fundo em questões que são importantes.*

Perguntamos uns aos outros o que fazemos que nos traz vida e aprendemos a fazer mais disso. Perguntamos uns aos outros o que não está nos trazendo vida, e aprendemos a fazer menos disso. Perguntamos uns aos outros como estamos vivenciando

---

* Veja a ideia para a construção de Círculos da Varanda no final do capítulo 11 (p. 184).

nosso senso de vocação para o bem comum e nos encorajamos e desafiamos quanto aos impactos disso em nossa vida.

Perguntamos uns aos outros como podemos ajudar. E então ajudamos.

Vocação. O terceiro elemento de um abrigo para histórias é discernir um senso de propósito dentro de você que servirá ao bem comum.

Em minha experiência, só existe uma maneira de encontrar seu propósito. Você deve ir até a raiz mais profunda de sua dor e atravessar para o outro lado. Só então poderá olhar para trás e ver as dimensões míticas do que lhe aconteceu e como pode ajudar a curar a mesmas feridas em outras pessoas. Esse, realmente, é o significado de *aproveitar o dia* ou *ser tudo o que você puder ser*: não se trata de ambição ou de conquista egoísta, mas de servir ao mundo e desfrutar disso, a partir de seu eu mais verdadeiro.

CLARO QUE FUI e ainda sou egoísta. É claro que participo de histórias de separação, não totalmente acolhedoras nem totalmente amorosas. Claro que estou ciente de fontes legítimas de arrependimento por meus erros. Pode ser necessária uma espécie de vergonha sagrada para levar a consciência a assumir a responsabilidade pelo impacto do meu amor-próprio. Diferenciar a vergonha sagrada da tóxica é, na verdade, muito simples. Quando for honesto e equilibrado, dizer "Eu fiz algo ruim" pode ser um começo sagrado para assumir responsabilidades e fazer reparações. Mas dizer "Eu sou uma pessoa ruim" é tóxico. Provavelmente, todos nós experimentamos uma mistura de santidade e toxicidade na maior parte do tempo.

Ainda assim, nossas feridas, quando estiverem sendo curadas, e nossos dons, quando estiverem florescendo, vão dançar uns com os outros.

CAPÍTULO 10

Essa dança está sempre acessível, e participar dela é, na verdade, a maneira de vivenciar a vida da forma mais plena. Às vezes o crescimento espiritual é insuportável, como dentes novos empurrando as gengivas rápido demais; outras vezes é estimulante, como viajar de avião pela primeira vez. É uma dança. Você pode recusar se quiser, mas a sala em que vivemos estará repleta de música vai. Por que não entrar na dança?

Reprima sua ferida e ela vai apodrecer, impedindo sua cura e muitas vezes se infiltrando na vida das pessoas ao redor. Se mergulhar sobre os seus dons sem humildade, poderá se tornar uma espécie de mágico de palco que vê a pessoa cortada ao meio, mas nunca experimentará a deliciosa liberdade de saber que não se trata de você. Ter dons sem desenvolver a maturidade para usá-los poderá torná-lo alguém dividido que não conseguirá se juntar novamente.

Mas, se conseguir mergulhar em uma forma mais completa de ser, descobrirá a fórmula para uma mistura saudável de ferida e dom. Sua ferida pode começar a se transformar — primeiro em uma cicatriz e depois em um superpoder. Na verdade, você pode descobrir que sempre teve o que precisava, mas nunca soube disso.

NO FIM DAS contas, como a maioria de nós experimentou o trauma como uma iniciação indesejada, devemos ser *iniciados* no caminho da integração. Invocar mitos e arquétipos pode aprofundar radicalmente a reintegração de nossas memórias feridas e ajudar a curar o medo de sermos fragilizados para sempre. Não admira que as feridas originais muitas vezes pareçam míticas. No trauma, as energias ancestrais das más ações humanas e da natureza animal estão sendo reencenadas; na verdade, uma das razões pelas quais a memória traumática muitas vezes parece "monstruosa" é que, em termos míticos, os monstros estavam realmente lá.

Fui cercado por um grupo de meninos mais velhos, amarrado a uma

MEDO DE SER FRAGILIZADO PARA SEMPRE

árvore e ameaçado com uma faca. Não se trata exatamente de Prometeu, que foi amarrado no topo de uma montanha e tinha o fígado bicado por uma águia que vinha todos os dias destruir-lhe o órgão, que se regenerava toda noite. Mas o mito ajuda. Isso me ajuda a honrar a dor real que experimentei: o terror, a vergonha equivocada, a sensação de que a memória nunca teve tempo suficiente de se curar até que outro conjunto de garras viesse e abrisse a ferida novamente. Ele também fala do meu desejo de ser sensível para com aqueles que podem sentir que *eu* cheguei à vida *deles* como uma águia — aqueles que, por eu não ter integrado em mim o menino ferido, eu feri.

Lembre-se de que não se trata de uma história sobre "mocinhos" e "bandidos". Cada um de nós esteve em ambos os lados do sofrimento. E todos nós podemos nos curar. Mas, não importa quão pequena sua história possa parecer a você no plano dos acontecimentos, se a ferida parecia mítica, a cura deve ser mítica também. Esse pode ser um dos aspectos menos compreendidos de como encontrar uma tranquilidade autêntica na vida, mas está à vista de todos, na obra de uma das pessoas mais autênticas que já existiram. Os ensinamentos do psiquiatra e psicanalista suíço Carl Jung, assim como os de tantas figuras de sabedoria profética de todo o mundo, foram diluídos ao serem institucionalizados e embalados para consumo mais rápido. Mas, abaixo da superfície, está a verdade de um poder possivelmente incomparável.

Jung mostrou que nossa angústia comum, muitas vezes, só pode ser curada se movermos nosso quadro de referência — você pode pensar nisso como as dimensões de nosso abrigo para histórias — *para cima e para fora, para baixo e para dentro*. Devemos nos mover em direção à percepção de como nossa ínfima vida se entrelaça com a de outras pessoas e com o cosmos. Ele chamou essas conexões de "conexões suprapessoais". Em outras palavras, e correndo o risco de simplificar demais, às vezes, para resolver um problema, precisamos torná-lo maior. Existem dragões, e, na vida de cada um, será necessário matá-los. Devemos ter cuidado para não identificar como mosntros as pessoas que podem ter nos ferido (ou nós mesmos). Fazer amizade com a dimensão mítica interior pode nos ajudar a matar dragões sem prejudicar nenhum outro ser humano.

Existem várias maneiras de falar sobre essa transformação, e a mais útil que descobri é a ideia de que cada pessoa contém um mar repleto de arquétipos. Conhecidos de mitos antigos e tornados mais famosos com Jung, os arquétipos podem se manifestar na sombra ou na luz. Podemos chamá-los de energias, ou ênfases, ou lentes através das quais vemos o mundo. Devemos ter cuidado para não nos superidentificar com arquétipos. Em vez disso, é melhor vê-los como portas através das quais podemos trilhar o caminho em direção a reivindicar nosso eu mais verdadeiro. Com o tempo, aprenderemos a enfileirar todas essas portas para que possamos atravessá-las todas de uma única vez.

Quando se trata de nomear arquétipos, as teorias divergem. Alguns usam quatro arquétipos, alguns nove ou doze, outros consideram *eventos* arquetípicos, tais como nascimento, casamento e morte, mas podemos encontrar sabedoria em todas essas maneiras de defini-los. A lente arquetípica mais útil para mim é quádrupla: somos todos amantes, soberanos, guerreiros-protetores e magos. Nós todos *sentimos*, como um amante sente; todos *escolhemos*, como um governante escolhe; todos temos *limites* a proteger, como um guerreiro protege; e todos podemos *transformar* o mundo, como um mago transforma. Todos somos chamados a amar, a decidir, a proteger, a transformar. A questão é se vamos ou não trazer consciência e responsabilidade para personificar esses arquétipos. Será que nos lembraremos do que realmente está dentro de nós e escolheremos ser responsáveis pela forma como vivemos com esse imenso poder? Se continuarmos sem notar a consciência e a responsabilidade, em vez de vivermos uma vida de coragem, criatividade e beleza para o bem comum, corremos o risco de uma grande tragédia: uma vida

MEDO DE SER FRAGILIZADO PARA SEMPRE

dominada por uma sombra inconsciente que contribui para a separação, a culpa e o egoísmo. Vamos ver o que isso pode significar.

Ao entrar na energia do amante, nos permitiremos sentir de forma limpa uma gama de emoções, desde a dor intensa até a alegria delirante? Ou vamos seduzir os outros, manifestando essa energia como um poço sem fundo de necessidade?

Quando o poder soberano for exigido, escolheremos e lideraremos para o bem comum ou seremos tiranos?

Quando a energia do guerreiro protetor for necessária, protegeremos os vulneráveis e exauriremos as opções não violentas ao mesmo tempo que estaremos dispostos a sofrer? Ou vamos exercer domínio, força desnecessária e violência?

Quando a alquimia de um mago é solicitada, transformaremos chumbo em ouro, criando mudanças que beneficiam o bem comum? Ou manipularemos o mundo para conseguir apenas o que egoisticamente queremos?

Em suma, dentro de todos nós existe uma fonte de imenso poder — de amar, decidir, proteger, transformar — que pode ser usada para o bem comum ou para o ganho pessoal. Essas quatro energias arquetípicas podem ser canalizadas com luz gloriosa ou sombra demoníaca. Vamos usá-las para ajudar a curar o reino em que nos movemos ou para o adoecermos?

Ao pensarmos sobre o sofrimento e o dom, podemos nos perguntar como oferecer a outras pessoas o mesmo tipo de cura que não recebemos. E, à medida que colocamos mais lenha no trem, podemos descobrir que o trilho pode chegar a lugares que nunca pensamos ser possível.

Buscar mentores, ouvir nossa vocação e viver em comunhão com as pessoas são passos úteis que muitas vezes nos levam ao limite da iniciação de que precisamos. Essa iniciação pode ser dolorosa em partes, mas desta vez vamos recebê-la.

CAPÍTULO 10

EU COSTUMAVA ACREDITAR que vivia fragilizado e tóxico para aqueles ao meu redor. E para mim mesmo. Certa vez, achei difícil carregar qualquer coisa, além da dor daquela crença.

Isso me levou ao limite. Entrei na floresta profunda e escura do autoabandono. Descobri o que é odiar a si mesmo (ou pelo menos a *história* que eu acreditava sobre mim mesmo). Mantendo-me isolado, poderia fingir que a dor era só minha. Claro, sempre houve pessoas que me amavam e queriam o melhor para mim. Meu isolamento causou-lhes tristeza e me impediu de descobrir meu poder, dons e propósito. Porque apenas no relacionamento consciente com os outros poderia ver meu impacto, para o bem ou para o mal. Relacionamentos feridos me ensinaram que poderia, no final, machucar as pessoas também. Que minhas ações importavam. Que eu poderia amar e fazer mágica. Mas, sem um soberano maduro pronto para tomar decisões que poderiam me custar caro e sem um guerreiro-protetor interno pronto para manter os limites em vez de deixá-los ser invadidos, o amor e a magia facilmente se corroeriam em codependência e autoengano.

O melhor remédio veio na forma de bons mentores, que me afirmariam e desafiariam, e de uma boa terapia de traumas. A responsabilidade veio na forma de uma comunidade que me incentivou e com quem compartilho necessidades e benesses. Isso me ajudou a descobrir o núcleo inabalável sob o núcleo que pensei estar quebrado.

Agora consigo me lembrar da árvore e sorrir, pois aquele garotinho não tem mais de ficar amarrado, ameaçado e sozinho.

Ele é amado. Ele tem um irmão mais velho inteiramente completo no eu que sou hoje. Meu eu adulto está segurando sua mão, dizendo que ele é amado, lindo e perfeitamente bom.

Ele não é uma peça de xadrez. Ele tem um rei soberano olhando de dentro dele e sobre ele, observando o dano prestes a ser feito e dizendo: *Pare. Isso está errado. Eu vou cuidar de você. Vamos fazer desta maneira.*

MEDO DE SER FRAGILIZADO PARA SEMPRE

Ele será defendido. Ele tem um guerreiro-protetor caminhando ao seu lado, pronto para se colocar entre sua vulnerabilidade e os valentões. Pronto para usar o poder para forçar os agressores a recuar.

Sua dor será transformada. E ele tem um mago que transforma o momento, e o mundo inteiro, oferecendo cura não só para ele, mas também para o agressor.

Quando integrados, esses quatro arquétipos se tornam uma pessoa completa. Aquele que sente tudo e não está submerso. Aquele que defende o que é certo e não é um assassino. Aquele que vê o que precisa ser feito e faz acontecer. Aquele que transforma chumbo em ouro e o divide com os outros.

Veja, o velho ditado que diz que devemos ser a mudança que desejamos ver no mundo não se refere apenas ao que chamamos de política — embora certamente faça isso. Mas se trata de algo ainda mais íntimo do que votar, protestar ou concorrer a alguma vaga de emprego, ainda mais íntimo do que a forma como tratamos nossos vizinhos. É sobre como nós nos tratamos. Seja a mudança que você deseja ver em *você mesmo*.

Enquanto procuramos mentores externos, também somos convidados a aprender a ser *nós mesmos*, mentores de nossa própria sabedoria interior. E precisamos fazer isso. Embora possamos certamente procurar a comunhão com as pessoas, também somos convidados a fazer amizade com *nós mesmos*. E precisamos fazer isso.

A vida é difícil. Embora nem sempre. Correr obsessivamente para "ganhar" a todo custo é uma maneira *realmente* difícil de viver. Sempre.

Ser um membro do que agora chamamos de comunidade LGBTQ+ significa ser um recipiente de dádivas e um herdeiro do sofrimento. Houve gerações de assassinatos, literais e figurativos, à medida que a cultura mais ampla projetou sua própria angústia sobre o corpo dos outros, sobre a intimidade, sobre a vulnerabilidade e sobre o que significa ser um homem ou uma mulher no corpo e no espírito de belas pessoas que estavam apenas tentando amar. Gerações de assassinatos. Nós sentimos isso em nossos ossos.

E houve gerações de dádivas — sem a sabedoria e a arte de meus ancestrais *queer*, nossos reservatórios estéticos e familiares poderiam estar quase vazios.

Você não precisa ser membro da comunidade LGBTQIA+ ou de qualquer outra comunidade marginalizada para que sua dor seja válida ou seus dons sejam bem-vindos. Muitos de nós temos membros comuns a várias comunidades; muitos de nós somos privilegiados e marginalizados ao mesmo tempo, dependendo de para qual parte olhamos. Sem dúvida, algumas pessoas sofrem mais do que outras, mas competir nas olimpíadas da dor não nos leva a lugar nenhum. O que importa é viver com integridade com o poder que possuímos e servir ao bem comum onde outras pessoas não o fazem. Estamos evoluindo para um momento em que os dons de pessoas historicamente perseguidas e marginalizadas estão finalmente sendo focalizados. Os responsáveis ainda precisam curar as feridas e fazer as reparações necessárias. Nossa responsabilidade como ser humano inclui perguntar a nós mesmos que poder temos, como podemos usá-lo para o bem comum e como reparar os erros que podemos ter usado indevidamente. Qual a sua necessidade e quem são as pessoas em quem confia e para quem pode pedir ajuda?

Portanto, dê a si mesmo o presente da autoafirmação. Reconheça destemidamente o seu privilégio e enfrente com ternura a sua ausência. Abra-se para a iniciação arquetípica. Essa dádiva pode lhe permitir não apenas viver melhor do que jamais imaginou ser possível, mas também, quando chegar a hora, morrer como se estivesse vivendo.

A QUINTA FORMA DE NÃO TER MEDO:
IMAGINE O QUE LHE DIRIA O SEU EU MAIS SÁBIO

CERTA VEZ, UM homem sábio, me conduziu a um exercício que ele chamou de Encruzilhada. Não sei onde ele aprendeu esse exercício, e, se descobrir, eu lhe contarei. Você vai querer experimentar por conta própria.

Escolha três objetos — qualquer item doméstico servirá. Coloque duas cadeiras, uma em frente da outra, perto das paredes e a pelo menos vinte passos de distância uma da outra. Sente-se em uma delas. De olhos fechados, respire devagar e lembre-se do rosto das pessoas que você mais admira; não importa se você as conhece pessoalmente ou se são reais ou fictícias. Imagine-as sentadas na cadeira à sua frente. Permita que os rostos se misturem, como se uma série de máscaras translúcidas fossem colocadas umas sobre as outras.

Em seguida, imagine uma imagem do seu rosto e a misture com os outros rostos até restar apenas a face de um ancião, formada pela sabedoria que você encontrou nas histórias que aprendeu. A soma da sabedoria do ancião olhando para você através de seus olhos.

Imagine-se como esse sábio ancião no final de uma longa vida, com os arquétipos em equilíbrio, não se esforçando mais para competir ou conquistar, ciente de suas falhas e de seus dons e observando seu eu mais jovem — você — com os olhos da graça.

Faça as perguntas seguintes a si mesmo, fale em voz alta e escreva as características desse sábio ancião: esse você mais sábio. Como ele é? Que idade ele tem? Quais são suas prioridades? O que ele *sabe*?

Pergunte a si mesmo o que esse sábio ancião — esse sábio você — lhe diria em momentos anteriores de sua vida: quando você era uma criança, um adolescente, um jovem adulto, antes de completar 40 anos, ou em quaisquer fases da vida em que precise de cura.

CAPÍTULO 10

Pergunte a si mesmo o que esse sábio ancião diria a você agora, neste momento de sua vida. Pergunte a si mesmo o que ele diria sobre você. Pergunte a si mesmo o que ele poderia lhe ensinar. Ele poderia avisá-lo de algo? Encorajá-lo? Tranquilizá-lo?

Pergunte a esse sábio ancião, a esse sábio você: Quais são os três obstáculos entre quem você é agora e quem o sábio se tornou? Pare.

Coloque os três objetos que escolheu anteriormente no chão, entre sua cadeira e aquela na qual imagina o sábio ancião sentado. Imagine que cada um dos objetos representa um dos três obstáculos entre quem você é agora e a versão mais sábia e antiga de você mesmo.

Dirija-se lentamente ao sábio ancião e preste atenção aos obstáculos. Talvez possa pegá-los. Tome consciência da forma, do peso e do tamanho desses objetos. Coloque-os no chão novamente e passe por eles.

Quando chegar à cadeira oposta, devagar e com atenção sagrada, sente-se, imaginando o sábio ancião dando-lhe as boas-vindas à herança que você ajudou a moldar para si mesmo.

Sente-se em silêncio por alguns minutos. Quando estiver pronto, pergunte ao sábio ancião, o sábio você: Para se tornar como esse sábio ancião, quais são as três coisas que precisa fazer hoje, na próxima semana e neste ano?

Fale essas coisas em voz alta, escreva-as e pratique-as.

capítulo 11

medo do mundo

> A principal coisa que as pessoas privilegiadas perderam nos últimos anos é uma falsa sensação de certeza sobre o futuro.
>
> —Mahan Siler

DURANTE ANOS APÓS a assinatura de um tratado negociado entre as facções no norte da Irlanda, armas estavam na mente de todos. Naquela época, após o Acordo da Sexta-feira Santa/Belfast em 1998, parecia que não havia princípio mais elevado do que aquilo que você pensava sobre armas. Conversamos sem parar sobre onde as armas estavam, quem as tinha e por que não eram entregues.

No verão de 2000, dois primeiros-ministros esperavam que conversássemos mais sobre isso. Homens e mulheres que podem ter pensado que representavam antigas tradições guerreiras estavam caminhando para o fim da guerra, se não da luta. Os primeiros-ministros vieram, passaram uma semana e podem ter pensado que tinham vencido. Na época, eu morava bem ao lado dos prédios do governo no Castelo Stormont — a poucos metros de onde meu futuro estava sendo decidido. Saí da minha casa e percebi que minha visão das construções do castelo estava obscurecida por antenas parabólicas, evidência de que a mídia mundial também nos considerava dignos de uma semana de atenção.

CAPÍTULO 11

Eu me sentia entusiasmado, mas um tanto enfraquecido pelo processo de paz, excluído de decidir em que tipo de sociedade iria viver. Ajudei a fundar uma pequena organização dedicada a fazer parte da mudança da história sobre o norte da Irlanda. Convidamos líderes políticos da "outra" comunidade para falar em igrejas, procuramos assumir responsabilidade pessoal por desafiar o fanatismo e apoiamos pessoas que faziam conexões significativas através das fronteiras que haviam sido estabelecidas sob suspeita mútua. Algumas pessoas até se mudaram para bairros onde suas próprias diferenças poderiam ajudar a diluir o mito de "nós" e "eles". Foi uma época inebriante de ativismo emocionante. Estávamos elaborando a estratégia à medida que avançávamos, mas o princípio era claro: se as regras de uma sociedade, escritas ou não, induzem as pessoas a se machucar, você deve criar regras melhores.

Quando eu tinha 25 anos, estava realmente cansado das regras. O cessar-fogo levou a negociações políticas, e um referendo subsequente endossou um governo de poder compartilhado, a libertação de prisioneiros paramilitares, o recolhimento de armas de posse ilegal, a reforma da polícia e algumas das leis mais avançadas em matéria de direitos humanos e igualdade no mundo. Mas ainda não conseguíamos encontrar uma maneira de fazer tudo funcionar. Cada lado do conflito interpretou o acordo de formas que enfatizavam seu próprio sucesso. Cada um parecia não estar disposto a fazer as concessões necessárias para permitir que seus oponentes selassem o acordo.

No verão de 2000, não havia um governo à vista. Em frustração coletiva, um grupo de ativistas da paz bem ajustados viajou para Stormont, chegando aos seus portões no final da noite. Não sabíamos realmente por que estávamos ali, a não ser o fato de que sabíamos que queríamos (precisávamos) causar algum impacto sobre o que estava sendo decidido sobre nossa vida. Dentro dos portões, os políticos, incluindo os dois primeiros-ministros, falavam de paz. O segurança nos disse que não devia

MEDO DO MUNDO

deixar ninguém entrar àquela hora da noite; dissemos a ele que tudo o que queríamos fazer era orar.

Às vezes, acho que funciona. Não consigo definir a oração de forma abrangente, mas parece mais necessário fazê-la do que entendê-la. Não se trata apenas, ou principalmente, de pedir coisas. Em vez disso, acho que a oração é juntar o que já está se desenrolando no espírito de autoridade e amor, protegendo as pessoas vulneráveis e a Terra, e estando disposto a *agir* com esse espírito.

De volta aos portões de Stormont, o guarda disse que achava que orar provavelmente seria uma ideia melhor do que qualquer coisa que os políticos lá de cima estavam sugerindo e que ele nos deixaria entrar, desde que não contássemos a ninguém. Parecia bom, então caminhamos cerca de um quilômetro e meio até os edifícios do castelo, onde pensamos que poderíamos agir. Quando chegamos lá, os policiais nos disseram que não tinham permissão para deixar ninguém passar da cerca, a menos que fossem participantes das palestras ou membros da imprensa. Então, ficamos do lado de fora e oramos em círculo — um círculo ligeiramente envergonhado, do tipo "sem saber mais o que fazer" —, imaginando se tudo o que conseguiríamos naquela noite seria uma visão melhor das antenas parabólicas.

Pouco tempo depois, nossas orações foram respondidas quando um político contrário ao processo de paz nos viu e saiu para perguntar o que estávamos fazendo ali. Dissemos a ele que estávamos orando pela paz e que a polícia não nos deixaria entrar. Ele respondeu que a presença de políticos de todo espectro, de combatentes do conflito e da mídia de tantos países diferentes fez parecer uma negligência a "que cidadãos como vocês fossem excluídos".

Eu me expressei, querendo ter certeza de que ele sabia que não estávamos lá para apoiar a posição de seu partido. Ele disse que entendia isso, mas que era nosso direito constitucional nos encontrarmos com os nossos representantes na assembleia, então ele nos deixaria entrar.

163

CAPÍTULO 11

É discutível, claro, se nossa presença naquela noite foi útil ou não, mas sempre apreciei o fato de que um oponente político estava disposto a respeitar a decência humana antes da posição partidária. Entramos, rezamos, conversamos com políticos que discordavam de nós, seguimos em frente. No dia seguinte, voltamos e nos encontramos com os dois primeiros-ministros. Como qualquer um faria.

O *taoiseach** irlandês Bertie Ahern e o primeiro-ministro britânico Tony Blair vieram ao nosso encontro, e nossa comunidade estava agora se misturando a um grupo de mães com filhos pequenos, que estavam lá para encorajar a conexão histórica pelas linhas de inimizade que sabíamos ser possível, mas ainda incerta. Blair estava formal, não tão relaxado quanto parecia na TV. Ahern estava tão tranquilo quanto um vendedor de carros usados. Os dois deviam estar exaustos, e, embora a oportunidade da foto com algumas pessoas comuns pedindo uma mudança extraordinária (e dispostas a mudar a si mesmas) fosse boa demais para perder, imagino que talvez quisessem estar em outro lugar. O aperto de mão de Blair também foi duro. O aperto de Ahern parecia o estágio preliminar de um abraço de urso entre velhos amigos. Eu trouxe Bertie para o lado e perguntei o que estava acontecendo no prédio atrás de nós. Ele disse: "Ah, é apenas essa coisa antiga sobre desarmamento; se resolvermos isso, ficaremos bem".

Tony continuou a apertar as mãos. Mulheres com crianças em carrinhos, algumas jovens, esperando por uma palavra. "Aham. Obrigado por terem vindo", disse ele, e então pigarreou novamente. "Obrigado por terem vindo." Ele deu um tapinha na cabeça de uma menina perto dele. Ela olhou para ele e disse, com aquela voz estridente que você associa aos filmes da Disney: "Sr. Blair, tenho uma pergunta. Você vai fazer as pazes ou não vai fazer as pazes?".

---

* Termo da língua gaélica irlandesa que designa o chefe de governo da República da Irlanda. (N. do T.)

MEDO DO MUNDO

O primeiro-ministro olhou os adultos, para além da menina, com a palma da mão ainda na cabeça dela, lembrou-nos de como até mesmo as pessoas mais poderosas costumam ficar tão confusas quanto o resto de nós, sem falar que estão sob muito mais pressão, e pronunciou depois de outro pigarro: "Bem, *é* essa a questão".

PARA ALGUNS DE NÓS, essa questão está sempre lá. Você vai fazer as pazes ou não? Não é apenas uma pergunta para primeiros-ministros. Deve ser direcionada internamente também. Não apenas para nos advertir, mas porque aponta o caminho para superar nosso medo do mundo — que o terror que está acontecendo *lá fora* é incessante. Quer demore cinco minutos ou cinco décadas, pensamos que, um dia, os monstros virão atrás de nós. Às vezes os monstros são enormes: o que está mais perto de mim é um conflito de oitocentos anos sobre como a minha ilha de origem deveria ser governada e como seu povo deveria se comportar. Para o lugar agora conhecido como Estados Unidos, o monstro poderia ser definido como o legado do que foi feito aos habitantes originais e às pessoas trazidas acorrentadas, bem como as crenças que foram (e às vezes ainda são) usadas para legitimar essas ações. Além disso, as pessoas em todo o mundo podem enfrentar os monstros da guerra, pandemias, violência nas ruas ou nas escolas, poder autoritário, colapso social, devastação ecológica, ameaça do fim da raça humana. Às vezes os monstros são menores: tensão familiar, perda de renda ou reputação, doença, ser envergonhado publicamente ou atropelado por um ônibus. O tamanho do monstro não importa, pois até um mosquito pode matar. O que importa é que, para alguns de nós, ele sempre está lá: o medo de que o mundo esteja cheio demais de problemas e de que não possamos fazer nada a respeito. Essas forças externas são exageradas.

Essa *coisa* que pode acontecer conosco parece, para alguns, mais pró-

165

CAPÍTULO 11

xima do que nossa própria pele. Na verdade, ela literalmente muda nosso próprio corpo — a pele fica tensa, a pulsação aumenta, surgem dores de cabeça, os olhos ficam embaçados. A experiência do medo, é claro, nem sempre é tão intensa, mas é universal. Todos nós conhecemos o medo. Temos medo do sofrimento, tanto físico quanto emocional. Temos medo da perda de entes queridos e de sonhos. Temos medo de ficar sozinhos. Temos medo de não ter o suficiente. Temos medo de vidas sem sentido. Às vezes, temos medo do mundo e do nosso lugar nele. Temos medo da morte. O medo ameaça ter tudo muito bem costurado, do surgimento ao desaparecimento. Se não aprendermos a lidar com isso, o medo pode governar nossa vida.

Alguns de nós somos atormentados por um medo de tamanha intensidade que construímos paredes ao nosso redor: fortalezas da mente e do coração destinadas a proteger, mas que na realidade nos impedem de experimentar o amor. Alguns de nós estamos tão feridos pelos acontecimentos que nos retraímos em um ciclo de ansiedade que se autoperpetua. Temos medo do mundo, então evitamos o mundo e nunca vemos como ele pode ser adorável e sem medo. Alguns de nós fomos tão punidos pelas vozes indutoras do medo em nossa cabeça que nos convencemos de que nem saberíamos por onde *começar* a curar.

E esse é o segundo presente do medo, porque um dia o desperdício de vida que acompanha o medo provocará desespero suficiente para exigir mudanças. Todos nós eventualmente pedimos ajuda, seja no momento de crise imediata, seja no final de uma vida destruída. Sabemos que seria melhor se o fizéssemos agora, mas, em algumas partes menos iluminadas de nossa cultura, há um forte desejo de resistir a pedir ajuda. Pedir ajuda é muitas vezes considerado sinal de fraqueza, apesar das evidências em contrário.

Até que uma pandemia global finalmente apareceu e revelou como nunca nossa interdependência, não apenas em relação aos nossos vizinhos, mas a todo o planeta. Nossas crises globais (não apenas a pandemia) são em grande parte consequência da adoção e perpetuação, por parte de líderes, de uma cultura de separação e de fingimento de invulnerabilidade. Eles reivindicam uma dominância egoísta e nacionalista, recusando-se a admitir nossa interdependência como espécie — e como ecossistema — para garantir que nosso próprio grupo sectário, ou nação ou religião, aparente ser exatamente tão melhor e absoluto quanto nosso orgulho pensa ser. E também consequência de as pessoas acreditarem nessas mentiras e de as alternativas não serem apresentadas de forma criativa o suficiente para parecerem confiáveis. Vimos as consequências, hoje e ao longo da história: pessoas ou nações que "seguem sozinhas" muitas vezes acabam muito perigosas — e muito solitárias — de fato.

E o inverso é verdadeiro. Decidir trilhar o caminho com companheiros não apenas torna a jornada menos solitária e mais agradável, como também a intimidade de viajar com outras pessoas faz parte do que torna a vida digna de ser vivida. Na verdade, todo movimento bem-sucedido para o bem revela que o segredo da felicidade está em duas ações que se reforçam mutuamente: encontramos nosso verdadeiro eu por meio da quietude e aprofundamos nossa interdependência com os outros. E repetimos. A experiência de pedir ajuda (e também nos pedirem) não apenas auxilia a pessoa que pede, mas também cura aquela que ajuda. Nesse sentido, devemos celebrar quem pede auxílio. Pedir ajuda é o primeiro passo para se desvencilhar da opressão do próprio medo, o primeiro passo para liberar seu potencial de amar a si mesmo e, finalmente, o primeiro passo para liberar o seu dom para a raça humana. Quando realmente pede ajuda, você não é mais um perigo para si mesmo, nem para mim, nem para o mundo.

O PSICÓLOGO STEVEN Pinker diz que "há duas formas de compreender o mundo: um gotejar constante de histórias sobre as piores coisas que aconteceram em qualquer lugar do planeta na hora anterior, ou uma visão

CAPÍTULO 11

panorâmica dos grandes desenvolvimentos que estão transformando a condição humana. A primeira é chamada de 'notícias', e, para sua sabedoria e saúde mental, recomendo equilibrá-la com a segunda". Pinker seria o primeiro a notar que isso é apenas parte da história. A realidade é mais complexa do que sua afirmação pode sugerir, porque alguns dos desenvolvimentos no mundo podem estar transformando a condição humana para pior, e há alguns lugares em particular onde a mudança não pode chegar antes do previsto. No entanto, não vamos perder a verdade central pretendida aqui: manchetes e tendências não são a mesma coisa. Eu me pergunto se aqueles de nós que têm medo do mundo simplesmente não o conhecem bem o suficiente. O mundo, quero dizer. Na verdade, podemos *pensar* que o conhecemos *demais*, e muita exposição às sombras do mundo pode ter nos sobrecarregado, e podemos facilmente perder de vista o todo.

Podemos reagir contra essa noção porque vemos tanto horror ao nosso redor, nas telas de TV e na internet, no ar. Mas frequentemente são manifestações do viés da disponibilidade, em que predizemos uma probabilidade com base na facilidade com que nos lembramos de exemplos semelhantes. Vemos muita violência na mídia, então prevemos que a violência está sempre aumentando e se aproximando de nós. Mas as notícias da grande mídia ainda não se livraram do princípio do capitalismo de que a violência vende e do dogma associado de que o conflito é mais interessante do que sua *ausência*. Muitas histórias tradicionais — nos "noticiários", filmes, televisão, literatura, música e jogos — normalmente não relatam a ausência de violência ou de outro conflito prejudicial à saúde como sendo mais convincente do que sua presença. Há alguns sinais de esperança de que isso está mudando, junto com a expansão da gama de vozes que são convidadas a falar nos contextos de narração de histórias tradicionais. A curva de aprendizado será mais completa quando o padrão de narração pública de histórias sobre violência e conflito e outras fontes que estimulam o medo for o de ilustrar o contexto em que ocorrem, os efeitos de longo

MEDO DO MUNDO

prazo e as tentativas generalizadas e frequentemente bem-sucedidas de transformação. Podemos promover a meta de que, no futuro, a pessoa média seja histórica e estatisticamente alfabetizada sobre conflitos que foram transformados em processos de paz. Não temos que limitar esse objetivo ao modo como falamos sobre conflito de *grupo* — isso só ajuda a compartilhar histórias sobre como menos violência tem sido usada para prevenir ou consertar o excesso de violência, seja entre nações, ou dentro delas, por meio de linhas de pertencimento religioso, étnico ou político, dentro das famílias ou entre pessoas que acabaram de esbarrar umas nas outras na rua.

O problema não é que a não violência criativa e a narrativa imaginativa para o bem comum tenham sido tentadas e fracassaram, mas que, quando tentadas, *nós não falamos sobre elas o suficiente*! Um dia, histórias de superação sobre separação, irresponsabilidade pelos próprios erros, egoísmo e violência poderão ser contadas de uma maneira tão fascinante por meio do ativismo criativo do bem comum e de uma melhor narrativa que cada um de nós conhecerá tantas histórias de transformação criativa quanto as que já ouvimos sobre destruição. Cada um de nós pode aprender os passos que podemos tomar para ajudar a transformar nossas comunidades, nação e o planeta para melhor. E talvez um dia, também, não endossaremos mais um modelo econômico que enriquece as instituições e os indivíduos que se dedicam a vender publicidade por meio do espetáculo do terror e a explorar o sofrimento humano. Poderíamos começar evitando nosso apoio financeiro para essas instituições agora mesmo.

De qualquer forma, ainda é mais rápido denunciar alguns saqueadores do que realmente ouvir protestos pacíficos em massa, contar as histórias do profundo trabalho da justiça restaurativa ou destacar as organizações dedicadas ao bem comum. Assim, os terrores ativos encontram seu caminho em nossa consciência descontrolada com mais facilidade do que o crescimento de uma nova floresta, a redução da violência, a expansão dos direitos humanos e a evolução do amor. Ironicamente, o fato de

CAPÍTULO 11

prestarmos atenção à violência noticiada pode ser em si uma manifestação de amor, ou seja, parte do motivo pelo qual prestamos atenção pode ser porque a empatia tem se afirmado mais como uma forma de ver o mundo. No círculo em expansão da empatia, recebemos um dom, mas ainda não aprendemos a usá-lo. Frequentemente percebemos e exageramos de forma errada a violência limitada em nosso mundo como se ela estivesse sempre aumentando, mas parte do motivo de fazermos isso é porque muitos de nós agora nos importamos mais com uma variedade maior de outros seres humanos do que antes. Há pelo menos duas consequências infelizes para a falsa premissa de que as coisas estão sempre piorando. A primeira é que nosso medo multiplica nossa percepção de ameaça, que por si só nutre as bases para mais violência. A segunda é que nossas percepções errôneas se prestam mais facilmente ao enfraquecimento, em vez de galvanizar o tipo de movimento que transforma o mundo para melhor. Em outras palavras, se os problemas são intransponíveis, por que tentar superá-los? Ficamos atordoados pela inércia em um círculo vicioso. Mas, quando olhamos para as razões pelas quais a violência diminui, podemos perceber não apenas esperança, mas empoderamento.

A violência diminui quando as mulheres são empoderadas. Se você é uma pessoa, pode participar do empoderamento das mulheres hoje: aprenda sobre a injustiça de gênero e como você se beneficia ou sofre com isso, promova a voz das mulheres e, se você for um homem cisgênero, presuma que tenha vantagens não conquistadas que podem ser usufruídas apenas se forem compartilhadas.

A violência diminui quando os estados desenvolvem a democracia. Se você é uma pessoa, pode participar da formação da democracia hoje: votar, concorrer a um cargo, fazer o que puder para implantar sistemas de votação que representem o povo com mais precisão, trabalhar para transformar o policiamento e as instituições militares de forma a se responsabilizarem por serviços de segurança pública e promoção da paz.

MEDO DO MUNDO

A violência diminui quando o discurso público promove o respeito mútuo entre as pessoas e valoriza as figuras públicas pelo serviço ao bem comum, e não pelo seu domínio. Isso tem a ver com tratar os outros como gostaríamos de ser tratados. Se você for uma pessoa, pode reduzir a violência hoje apenas tratando outra pessoa como gostaria de ser tratado e negando seu consentimento — e dinheiro — a favor de sistemas que humilham outras pessoas ou as culpam por erros que não cometeram.

A violência diminui quando a narrativa amadurece. O surgimento do romance coincidiu com reduções significativas na violência, devido ao seu poder como método de contar histórias em massa para inspirar empatia, convidando os leitores a ver o mundo pela perspectiva do outro. Se você é uma pessoa, pode aprender a contar histórias de formas que aumentem a empatia, tanto dentro de você quanto no coração e na mente de quem está ouvindo.

No futuro, as pessoas poderão falar do nosso momento histórico como sendo caracterizado não por guerras e conflitos intermináveis, mas por repetidas manifestações de uma revolução para melhorar a maneira como os seres humanos tratam uns aos outros e a Terra. O que está abaixo do núcleo dentro de cada ser humano é uma conexão essencial com todas as coisas vivas; quando alguém sofre, todos sofrem. Quando alguém se cura, todas se curam. Há muito mais no mundo do que apenas lutar para ganhar. O arco do universo moral pode muito bem se inclinar para a justiça, mas, como diz Barbara Holmes: "Depende da nossa participação. Qual é o seu trabalho hoje para inclinar o universo um pouco mais para a justiça?". Esteja você lendo isto ou não em um momento futuro de maior disposição política, cura social e amor na comunidade, sua tarefa enquanto estiver aqui será a mesma. Sua tarefa, seu privilégio, seu presente é superar o medo do mundo, tornando-se exatamente aquilo que seu eu verdadeiro sabe que o mundo precisa.

CAPÍTULO 11

NADA DISSO PRETENDE diminuir o impacto real da violência. Longe disso. Choramos com aqueles que choram. Mas a violência não diminui quando a exageramos. Pelo contrário, como já observamos, exagerar na quantidade de violência leva a uma percepção aumentada de ameaça (que produz mais violência) ou a uma impotência excessiva (que nada faz para reduzir a violência).

Uma das primeiras coisas que muitos irlandeses do norte da minha geração se lembram é de um pai olhando embaixo do carro para ver se havia uma bomba ali. Em seguida, tivemos cada vez mais histórias de morte, e mais, e mais. Você poderia pensar, olhando para trás, que matar foi a única coisa que aconteceu no norte da Irlanda durante minha infância. Mas não foi. Estávamos vivendo o fim de um conflito civil que durou oitocentos anos. Cada morte era um universo, é claro, e um pesadelo. Mas cada ato de pacificação tornava possível uma nova história.

Foi o fim de algo, não o começo. As feridas de vizinhos lutando contra vizinhos são reais, e nenhuma das mortes valeu a pena. Visto de perto e pessoalmente, poderia parecer que tudo o que tínhamos era conflito. Mas, no fundo, cresci em meio à beleza. Calçada dos Gigantes. Seapark. Donaghadee. As montanhas Mournes. Ballycastle. Lareiras. Glenlyon. Os sotaques. As línguas. A música. O apoio ao luto, a divisão dos fardos, o anseio por um caminho melhor. As pessoas. E as tentativas feitas ao longo de décadas para resolver o conflito de forma não violenta finalmente valeu a pena. Aqueles que eram inimigos jurados agora compartilham o poder. Os movimentos continuam a ajudar as pessoas a fazer as pazes com o passado. Prometemos nunca mais fazer essas coisas. E, à medida que buscamos integrar, na comunidade, as feridas e o medo com a cura, entendemos que a chave é tentar contar a história de uma forma que produza mais luz do que ardor. E a verdade é a mesma onde você estiver. Histórias que aumentam a sensação de ameaça muitas vezes acabam causando mais danos. A maioria delas também pode ser imprecisa.

Histórias que diminuem a sensação de ameaça muitas vezes acabam reduzindo os danos. A maioria delas também pode ser verdadeira.

———————————————

SERIA POSSÍVEL RESPONDER ao terror com justiça sem reencená-lo? Como abordar as verdadeiras questões de injustiça que, ostensiva ou literalmente, estão por trás do conflito no norte da Irlanda, dos ataques de Onze de Setembro, da agressão autoritária e de todos os outros atos de violência contra outras pessoas? Como fazer isso sem encobrir o terrorismo ou regimes políticos abusivos? Como ver além das caricaturas do mal e entrar no coração e na mente das pessoas? Deveríamos mesmo tentar? Como desafiar o complexo de entretenimento industrial militar, tão voltado ao militarismo e aos "consertos" rápidos, catárticos e muitas vezes destrutivos, em vez de coisas que contribuem para a paz? Como aqueles entre nós com poder em nossa sociedade podem sair de trás do privilégio que os protege para agir em solidariedade com aqueles que são vulneráveis? O que podemos fazer para nutrir uma imaginação que nos ensinará a transformar o conflito sem torná-lo pior?

A resposta é contar uma nova história. E a nova história emergirá da antiga.

A chave é buscar a versão mais *verdadeira* da história, o que significa examinar as manchetes em seus contextos: históricos, culturais e de quem está contando. Um exemplo pode ser que a tendência seja para a redução da violência e o aumento da paz, o que ocorre apenas porque os seres humanos desafiaram códigos e práticas considerados imutáveis. A barbárie de execução em massa para entretenimento público, a loucura elitista de "resolver" a honra ferida por meio de duelos, a subjugação horrível e até a morte de pessoas com diferenças físicas por serem consideradas inúteis: todas essas coisas sempre pareceram normais. Pessoas comuns responderam às tais circunstâncias e decidiram agir: encerrar

CAPÍTULO 11

o que antes parecia intocável e que agora não é mais tolerado. Faremos o mesmo, mas sem esperar que forças sociais façam o trabalho por nós. Pois as pressões sociais, os conflitos e as oportunidades de hoje são convites para ações transformadoras, não projetos imutáveis para o futuro.

Como diz o rabino Michael Lerner: Martin Luther King Jr. não é conhecido por um discurso intitulado "Eu tenho uma reclamação", embora ele tenha criticado diretamente as injustiças de sua época, mais notavelmente o que ele chamou de os malignos trigêmeos de racismo, militarismo e materialismo. Além da crítica inequívoca, no entanto, ele delineou uma visão para superá-los. Como essa visão raramente é articulada além dos chavões e muitas vezes reduzida à famosa afirmação de que as pessoas "não seriam julgadas pela cor de sua pele, mas pelo conteúdo de seu caráter", é importante elaborá-la. A visão da comunidade amada, cunhada por Josiah Royce (fundador da Fellowship of Reconciliation) e ampliada pelo Dr. King, "é uma visão global, na qual todas as pessoas podem compartilhar as riquezas da Terra. Na comunidade amada, pobreza, fome e falta de moradia não serão toleradas porque os padrões internacionais de decência humana não permitirão isso. O racismo e todas as formas de discriminação, intolerância e preconceito serão substituídos por um espírito inclusivo de irmandade. Na comunidade amada, as disputas internacionais serão resolvidas pela resolução pacífica de conflitos e pela reconciliação dos adversários, em vez de pelo poder militar. O amor e a confiança triunfarão sobre o medo e o ódio. A paz com justiça prevalecerá sobre a guerra e o conflito militar". O Dr. King não estava mais disposto a tolerar as injustiças de seu tempo e não permitiu que o vulto da tarefa ou o risco à sua vida o impedissem de seguir o caminho do seu verdadeiro eu, visando e cocriando a comunidade amada, um passo de cada vez. O movimento que ele liderou reagiu ao medo do mundo não com energia de oposição, mas elevando-se para superar a velha ordem com uma visão de algo novo e melhor.

MEDO DO MUNDO

Sempre foi assim. Cada geração tem a oportunidade de se sensibilizar com a injustiça cujo tempo já acabou. Para a nossa, pode ser a supremacia branca, a desumanização das pessoas por causa de quem elas amam, a pena de morte, o tráfico de pessoas ou a usurpação do estado de segurança nacional. Podem ser os males da exploração da terra, a exclusão sistemática de pessoas com base no dinheiro que elas não têm ou as práticas comerciais que entregam produtos baratos para alguns de nós, mantendo as mãos que os fabricam presas a uma roda de exaustão ou pior.

Para mim, é a maneira como nossa cultura conta a história de que a violência resolve conflitos, redimindo-os. Nossa verdadeira religião é o deus da violência, a noção demoníaca de que matar pode criar coisas. No entanto, a violência nunca é construtiva, mesmo nas circunstâncias extremamente limitadas em que pode ser indiscutivelmente necessária.

A violência não cria nada.

Essa é uma declaração radioativa. Quando digo isso em certos círculos, a reação é rápida e inequívoca. É irônico que a conversa sobre a redução da violência muitas vezes resulte em uma briga, mas mesmo essa briga prova o ponto: a violência não *cria* nada. Exceto sofrimento, é claro.

As pessoas reagem a essa sugestão com intensa oposição por uma série de razões. Desde a mais tenra idade nos foi dito o oposto: que a violência funciona e que o sacrifício violento é nobre. Fomos ensinados, por meio de nossos rituais nacionais e comunitários, não apenas que nossas "liberdades" foram garantidas pela morte de nossos antepassados (e a matança que cometeram), mas que tais mortes e assassinatos foram a única maneira possível. Fomos alimentados em um catecismo de temer o mundo para que sempre tenhamos a violência como recurso, porque nunca sabemos quando vão *nos* atacar. Se tais premissas fossem verdadeiras, seria perfeitamente razoável viver com medo e pronto para matar.

Mas as premissas são falsas.

CAPÍTULO 11

O sofrimento causado pela violência, mesmo na mais nobre das causas, não acaba com o fim dos tiroteios. A Primeira Guerra Mundial deixou o povo balcânico dividido, lançando as bases para que seus netos e bisnetos cometessem ou sofressem genocídio setenta anos depois. A resposta impulsionada pela vingança contra a Alemanha depois daquela guerra lançou as bases para a ascensão do nazismo. A "resolução" da Segunda Guerra Mundial permitiu que Stalin matasse mais pessoas do que Hitler. A recusa dos oponentes políticos de se falarem no norte da Irlanda perpetuou os termos do nosso conflito por décadas, matando, no fim das contas, quase quatro mil e ferindo fisicamente pelo menos quarenta e sete mil pessoas. E, quando a conversa começou, a matança se reduziu radicalmente e vem diminuindo desde que começamos a imaginar nossos destinos como mais interdependentes do que exclusivos e optamos por agir nesse sentido.

Os sacrifícios que conquistaram nossa "liberdade" — qualquer que seja a "liberdade" supostamente — foram de fato caros. Alguns deles foram certamente nobres, em especial quando envolviam pessoas dando a própria vida para proteger os vulneráveis ou quando eram executados por aqueles que não tinham escolha naquele momento. Mas a ideia de que apenas a violência torna a nação livre é refutada no fato histórico de que as revoluções não violentas produzem mais democracia do que as tentativas violentas de mudança política. O custo de falar com a pessoa que matou seu ente querido, o custo de renunciar à vingança em troca do bem comum, o custo de não conseguir tudo o que se deseja: essas coisas, é claro, não são fáceis. Mas geralmente funcionam, e, com muito mais frequência do que a violência, a expansão agressiva e o hábito de culpar os outros pelos nossos erros.

A ameaça do mundo hoje surge como mentira sempre que você abre o computador ou liga o celular. O terror vive no seu bolso, em um dispositivo que não diferencia sabedoria, informação, propaganda e engano. A

MEDO DO MUNDO

boa notícia é que você também pode aprender mais do que nunca, pode conectar-se com mais rapidez e se curar. (Alguns dos melhores remédios e técnicas de cura do mundo são encontrados em aplicativos móveis.) O desafio — e o convite — é que você aprenda a filtrar o que está vendo. Ninguém mais fará isso por você. Na verdade, é do interesse do complexo do militarismo-indústria-entretenimento-fofoca que você fique inconsciente e clique no máximo de *links* possível. A atual crise global é uma crise de contar histórias. Ficamos possuídos pelo mito da violência redentora: a crença de que a violência cria ordem a partir do caos. Quando contamos a história dessa maneira, o medo torna-se exagerado e a violência aumenta. A *redenção* do mito da violência redentora não é destruí-la vencendo os "bandidos" em seu próprio jogo. Não. A redenção do mito da violência redentora é "desconstruí-la": recusar-se a jogar o jogo. Inventar um novo jogo. Se contarmos a história de uma forma que diminui o medo, a violência também vai diminuir.

NÃO É PECADO ter medo do mundo. Na verdade, é bastante natural, tanto pelo nosso passado evolutivo *como* alvos dos tigres-dentes-de-sabre quanto pela imersão cultural na informação contemporânea, que implica que esses animais ainda estão nos esperando em cada esquina. Muitos de nós também temos histórias de sofrimento real por conta de nossas próprias narrativas pessoais, e a maneira como aprendemos a lembrar dessas histórias e a falar delas nos mantém revivendo o trauma, procurando incessantemente por uma saída, mas nunca a encontrando.

Nosso condicionamento cultural nos confunde sobre como sobreviver, integrar e superar o trauma. A cultura contém algumas das sementes de nossa cura: há mais arte, literatura, medicina, natureza e bondade humana que nos elevam do que pode ser experimentado em mil vidas. No entanto, o modelo econômico atual que impulsiona a informação

CAPÍTULO 11

e a mídia criativa é viciado em superenfatizar o horror, a separação, o egoísmo e o hábito de culpar os outros.

Eu costumava ter medo de tudo porque acreditava na mentira de que vivíamos no inferno e que os monstros que governavam lá eram invencivelmente maiores do que eu. Até mesmo muitos dos bravos pacificadores ficavam preocupados com a história de que nosso mundo era um navio naufragando e que nosso único recurso era tirar o máximo de água que conseguíssemos. O que não percebemos é que o navio já havia afundado. Os padrões de relacionamento sobre os quais nossa terra dividida foi construída jamais nos serviriam. A própria existência do lugar legalmente chamado de "Irlanda do Norte" foi construída sobre a escassez e o medo, uma overdose de inimizade mútua (ou pelo menos ignorância mútua) e hierarquias consagradas destinadas a manter uma comunidade feliz e a outra obediente, o que acabou sendo uma autossabotagem. Ao promover uma política em que o vencedor leva tudo, colocando uma comunidade no comando e recusando à outra qualquer participação significativa, ajudamos a criar um exemplo clássico de como não conviver com a diferença. E, no final, ao atrasar o caminho da comunidade interdependente por meio da loucura de definir nossos interesses mantendo as pessoas afastadas, em vez de dar as boas-vindas uns aos outros, atrasamos nossa própria cura. Um grupo majoritário dominando uma minoria grande o suficiente para se organizar como oposição é a receita certa para o conflito. Portanto, a razão pela qual o navio já havia afundado é que, para início de conversa, nunca foi um navio em condições de navegar. Precisávamos de outro barco. Hoje, e provavelmente por algum tempo, pacificadores de todo o espectro político estão empenhados na tarefa de construí-lo. Um barco no qual uma história melhor pode ser contada. É claro que o norte da Irlanda terá suas próprias tramas secundárias, personagens e discursos criativos, como qualquer outro lugar. Mas, para a maioria de nós, de onde quer que venhamos, a melhor história reconhecerá que, em-

MEDO DO MUNDO

bora possamos ver quinze mil assassinatos adaptados à ficção aos 16 anos, se aprendermos a ser conscientes sobre como parecemos, vamos ver, em vez disso, muito mais flores desabrochando. E, se realmente nos comprometermos em seguir o caminho, desempenharemos nosso próprio papel em criar mais beleza e menos sofrimento. John O'Donohue chamou a beleza de "o abraço invisível"; não é ingênuo acreditar que a beleza salvará o mundo. Ela já salvou.

E continuará salvando enquanto houver pessoas que peçam para ser envolvidas nesse abraço divino e comecem a levar a sério o chamado para manter o espaço entre a fragilidade do dia e a perfeição do momento presente. Não sabemos se esse momento vai durar, mas é nosso momento, e podemos escolher o que fazer com ele.

Pois não é a realidade que nos faz sofrer, mas as histórias que contamos sobre ela. A espiritualidade autêntica e afirmadora da vida não nega a existência da violência, embora certamente funcione para transcender seus efeitos negativos e reduzir a quantidade de violência no mundo. Ela faz isso ajudando os seres humanos, um a um e em comunidade, a enfrentar nossas próprias sombras: nossos medos e feridas, a maneira como projetamos o mal nos "inimigos", a tentação de derrubar nossos oponentes sem levar em consideração a saúde de longo prazo das pessoas e do planeta.

Crescer com a luta, com a tristeza e com o conserto em andamento no norte da Irlanda me mostrou que a forma de enfrentar o medo do mundo tem duas faces, e ambas têm a ver com impacto. Estamos aqui, em parte, para *causar um impacto* no mundo que nos rodeia: viver a vida a serviço do bem comum, onde quer que sejamos chamados. Fazer a diferença.

Mesmo que o mundo que costumamos ver talvez não se revele totalmente no amor, cada um de nós tem dentro de si um *inatingível* núcleo sob a superfície de nosso ego, de nossa personalidade e reputação e das armadilhas externas à nossa vida. Há uma tarefa de discernimento pela qual você pode optar e que lhe fará crescer aquela sua parte que não

CAPÍTULO 11

pode ser prejudicada, independentemente da história que outras pessoas estejam contando. Os sábios chamam essa parte de verdadeiro eu. Pessoas sábias chamam isso de ato mais verdadeiro de contar histórias: amar a Deus e amar ao próximo como a si mesmo.

A sabedoria espiritual nos diz que, por causa do núcleo inatingível, tudo o que importa está realmente bem, mesmo que o estejam crucificando. Isso não significa que não devemos escolher onde estamos mais protegidos. Significa apenas que não devemos depender de circunstâncias externas para nosso sustento mais profundo. Como humanos, temos um trabalho a fazer e uma *herança* a reivindicar. Parte do nosso trabalho é causar impacto sobre o que mais tememos, e parte é fazer crescer o lado inatacável de nós mesmos, de modo que se torne indistinguível do eu que mostramos ao mundo. Nossa herança é fazer isso em comunidade: com outros humanos, com o ecossistema, com Deus. Eu costumava pensar que, pelo fato de as coisas estarem melhorando, não havia problema em me sentir bem. Agora, tendo a pensar que tudo o que mais importa sempre esteve bem, e quanto mais pessoas acreditarem nisso, melhor as coisas vão ficar. A história de conflito do norte da Irlanda nos dá um aviso do que acontece quando as pessoas acreditam na história da separação. A história da construção da paz no norte da Irlanda aponta para o que é possível quando optamos em nos arriscar por uma história melhor. Claro, existem muitos outros momentos e lugares onde essa transição foi feita. Talvez você more onde os curativos das feridas da conquista do lugar ainda não aconteceram, onde um tipo de pessoa, gênero ou etnia domina os outros. Talvez você more em um lugar onde os indígenas foram mortos ou violentamente reduzidos, ou onde pessoas foram sequestradas e amarradas a correntes em algum lugar distante para trabalhar na terra. Talvez os descendentes desses indígenas e desses acorrentados ainda sofram a injustiça da desigualdade, onde a fartura da terra lhes foi desproporcionalmente retirada.

MEDO DO MUNDO

Talvez você seja uma dessas pessoas que têm sido alvo. Ou talvez seja um descendente daquelas que fizeram essa segregação. Talvez, como eu, sua herança inclua um pouco de ambos.

Seja quem for, a pergunta mais importante que você pode fazer agora tem a ver com suas benesses e suas necessidades. Quer você acredite ou não que ganhou os recursos que possui (dinheiro, segurança, poder), a forma de superar o medo do mundo é usar esses recursos para o bem comum. Para causar um impacto para alguém além de si mesmo. Quer você tenha feito algo ou não para merecer o sentimento de escassez, seja de dinheiro, segurança ou poder, a forma de superar o medo do mundo é encontrar a parte de você que não pode ser destruída, mesmo que o matem. Fazer crescer a parte inatacável de si mesmo.

A espiritualidade autêntica e afirmadora da vida nos convida a dizer a verdade sobre a violência, o que significa, às vezes, enfrentar realidades dolorosas, mas também encarar as coisas proporcionalmente. Sabemos que há uma intensa argumentação de que atualmente vivemos na época menos violenta da história da humanidade. Há evidências convincentes disso. No entanto, mesmo que esse argumento esteja equivocado, ou mesmo que a redução da violência seja de alguma forma revertida, sabemos que nossa evolução espiritual nos convida a participar do empoderamento das mulheres e dos historicamente excluídos, da expansão da democracia, da expansão da empatia e das revoluções nos direitos humanos. Mesmo que as tendências mudem, o mundo fica mais seguro quando pessoas corajosas contam uma nova história.

É uma história de conexão, não de separação; de criatividade, não de repetição do que não funcionou antes; de ação corajosa para o bem comum. É uma história em que não buscamos apenas evitar o sofrimento e transferi-lo para outra pessoa. Abraçamos uma medida de sofrimento como uma consequência inevitável de uma vida dedicada ao bem comum. É uma história que reorienta radicalmente nossa autocompreensão, re-

CAPÍTULO 11

velando que não somos indivíduos competindo uns com os outros para obter o máximo que pudermos e guardar para nós mesmos. Em vez disso, nessa história, os seres humanos não são os protagonistas. O protagonista dessa história é nada menos que o Amor: a vontade de se expandir pelo bem dos outros. E o *propósito* dessa história nada mais é do que o triunfo do Amor sobre tudo o mais.

Essa história leva seus narradores a resistir à opressão e a transcendê-la com uma nova forma de ser. Eles optaram por não permanecer vítimas de uma história que diz que o mundo está apenas piorando. E, quando o mundo está em apuros, eles rejeitam a história que diz que não há nada que possamos fazer a respeito. Em vez disso, são eles os detentores de uma nova luz, os titulares do dom da coragem em face da resistência, os portadores da dor real e os que transcendem a mentira que exagera a história, os iniciadores do que vem a seguir em nossa jornada rumo à integralidade. E eles fazem isso porque sabem apenas uma coisa.

Existe uma história melhor. Vamos começar a contá-la.

A TAREFA QUE está diante de você pode ser a de converter seu medo do mundo em uma história mais verdadeira. Para se reorientar além da superfície de suas circunstâncias e da história que você está contando sobre elas.

Quando você tiver medo do mundo, olhe para ele de todos os lados. Imagine como sua vida seria diferente se tivesse nascido em uma época ou lugar diferente. Havia guerras e pragas o tempo todo, não havia banheiros dentro das residências nem música gravada, e todos os dentes ficavam ruins, e você não conseguia pegar um táxi em lugar nenhum! Imagine-se agradecido pela forma como sua escolaridade, suas brincadeiras, seu trabalho e seus sonhos foram moldados por gerações de pessoas que o amaram. E se não foi assim que aconteceu, ou você não

MEDO DO MUNDO

consegue encontrar o fio da sua história, saiba disto: *você passou por águas turbulentas e está aqui*. Agora.

Não investigue o que você não tem, mas o dom que sempre esteve por trás de suas carências. Ele esperou por você apenas até que estivesse pronto.

E, quando você olha para o mundo através do prisma escuro da oposição, inimizade e raiva — quando ele ameaça oprimi-lo, deixando você ansioso de forma que nem você nem o mundo jamais consigam retornar a uma condição de calma —, leve isto em consideração: os bons e velhos tempos talvez nunca tenham existido. Você pode se lembrar deles assim porque estava sendo cuidado por mãos que pareciam invisíveis e não tinha visto o que vê agora. Foram as mãos que mudaram ou a sua história?

E mesmo que você tenha lembranças de uma dor real, mesmo que possa ter havido monstros que se comportaram de forma monstruosa, essas verdades permanecem.

Há uma parte de você que os monstros não podiam tocar. Você é maior do que os monstros agora.

Monstros também são pessoas.

Sua dor merece atenção, suas feridas merecem ser curadas e você merece ser libertado de uma prisão de desespero e terror.

Existe uma semente de cura até mesmo dentro da ferida.

Embora possa conhecer bem as indesejáveis batidas de um coração ferido, ele não é tão fraco quanto você pensa.

Você já é um herói só de ter chegado até aqui. Só de estar aqui agora.

Pode chegar um momento em que sua ferida seja oferecida como uma fonte de transformação, inclusive no lugar onde você foi ferido pela primeira vez, para outras pessoas que conhecem essa ferida e mesmo àquelas que a causaram. Mas isso não precisa ser uma tarefa para hoje. O hoje pode ficar apenas para você.

Mas, quando chegar a hora, não esconda seu dom.

CAPÍTULO 11

A SEXTA FORMA DE NÃO TER MEDO:
REÚNA E FAÇA O TRABALHO DA COMUNIDADE AMADA

SE EXISTIR REALMENTE uma parte de você que *não pode ser impactada*, mesmo pelas coisas que mais teme, consegue imaginar o impacto que você poderia causar em um mundo fragilizado e em cura?

Convide dois amigos para tomar um café. Dediquem uma hora juntos para imaginar uma comunidade que não exija liderança, experiência ou dinheiro, apenas tempo e um coração aberto. Imagine como o mundo poderia ser se todos tivessem um círculo de seis ou sete bons amigos, cada um comprometido com sua própria jornada de crescimento, cada um ganhando clareza sobre seu senso de propósito para o bem comum, cada um aberto às avaliações dos outros e cada um diferente o suficiente do outro para o grupo não se tornar muito repetitivo.

Eu chamo a isso de Círculos da Varanda, pois gosto de invocar a ideia de uma conversa descontraída na varanda. Eu gosto tanto disso que até dei o nome *The Porch* [em português, A Varanda] a uma revista. Mas você pode chamá-lo como quiser e achar melhor. Os Círculos da Varanda são uma forma de enfrentar o mundo juntos. São uma forma simples e acessível de construir a comunidade, discernindo nossas necessidades e benesses e compartilhando-as em prol do bem comum. Em outras palavras, esses encontros nos ajudam a desenvolver nosso núcleo insuperável e o impacto que podemos causar no mundo.

De volta ao café. Reúna dois amigos — é importante que sejam dois e não um, porque uma conversa entre duas pessoas muitas vezes pode se tornar um ciclo de reforço mútuo. Com três pessoas, existe a possibilidade de comunidade. As perguntas a seguir são boas para essa jornada. Compartilhe-as regularmente com um punhado de outros seres humanos. Combine isso na sua rotina, enquanto coloca o cinto de segurança, espanta pernilongos e procura amar a Deus, ao próximo, à Terra e a você mesmo.

MEDO DO MUNDO

Então observe seu medo diminuir.

1. O que traz vida para você?
2. O que o está desafiando, esgotando ou amortecendo?
3. Estamos despertando para a realidade de que não existe "eles e nós"; somos apenas nós. Diante disso, qual foi a oportunidade que você teve de viver essa história desde nosso último encontro e o que fez com essa oportunidade? (Você poderia expandir essa pergunta. Por exemplo: O que você aprendeu com isso? O que gostaria de fazer diferente da próxima vez? Qual é a próxima oportunidade que você sabe que terá de viver essa história e o que gostaria de fazer com ela?)

   Depois que todos tiverem a chance de responder a cada uma das três perguntas, faça a pergunta final para todo o grupo:
4. Depois de ouvir o que ouvimos, há alguém que gostaria de pedir algo ao grupo e alguém que gostaria de oferecer algo a alguém do grupo? Pode ser tão prático quanto "Eu preciso de uma babá", tão profundo quanto "Estou tendo uma crise existencial e gostaria que alguém desse um passeio comigo uma vez por semana durante o próximo mês", ou tão radical quanto "Eu não consigo pagar meu aluguel agora. O grupo poderia me ajudar até que eu possa me levantar?". Em tempos de crise, a necessidade pode ser mais urgente, e muitas vezes pode vir de um apoio a uma mudança estrutural ou como um aliado que oferece, de maneira humilde, solidariedade às pessoas diretamente sobrecarregadas. E, quando os fardos são compartilhados em uma comunidade saudável interdependente, eles ficam mais leves.

Quando terminar, considere fazer isso novamente na semana seguinte. Com o tempo, sinta-se à vontade para convidar até mais nove

CAPÍTULO 11

pessoas (uma de cada vez é melhor, e um máximo de doze pessoas permite que todas compartilhem suas histórias de maneira significativa). Faça as mesmas perguntas. Veja o que acontece. E pergunte de novo.

capítulo 12

medo da morte

> Se eu soubesse que amanhã o mundo se despedaçaria,
> eu ainda plantaria minha macieira.
>
> —Anônimo

A PRIMEIRA VEZ que você morreu, ficou vivo para sempre. Você não sabia disso na época, mas estava morando em uma caverna, cercado por uma água quente tão perfeita que era uma delícia nadar, e equilibrada de um jeito tão perfeito que dava para respirar. Era uma caverna adorável.

Antes de o dia chegar, você esteve na caverna por tanto tempo quanto conseguia se *lembrar*. Na verdade, da perspectiva que você habita agora, não tenho certeza se lembrar é um termo aplicável para a maneira como você pensava sobre o mundo. Não havia passado ou futuro. Você estava apenas se divertindo na caverna, definindo o arquétipo de ser balançado, periodicamente, quicando um pouco ou chutando muito, mas na maioria das vezes chupando o dedo e governando o universo. Você foi um governante bom, é claro. Nenhum conceito de conflito ou dano preencheu sua mente, nenhum livro maquiavélico sobre *Como ser um bebê mau* trilhou o caminho até a biblioteca do útero privativo de que você estava desfrutando. A inocência não era apenas tudo o que você sabia, mas tudo o que você poderia conceber.

E, então, aconteceu um terremoto. A água em que você respirava de

CAPÍTULO 12

repente se dispersou abaixo de você, um silvo rápido e silencioso foi a última coisa que ouviu antes de ser espremido por um túnel que ficava mais estreito conforme você se aproximava da saída. Você não entendia o sentido do que era sufocar, mas certamente poderia descrevê-lo agora, com os pulmões sob pressão imediata e brutal para trocar o líquido amniótico que respiraram nos últimos nove meses pelo oxigênio que receberiam durante os próximos sabe-se lá quantos anos. Na época, você não sabia o que era um pulmão, sabe-se lá o que era um ano. Mas ambos estavam prontos para você, totalmente seguros em sua identidade na forma de anos e pulmões. Você teria um aparelho de respiração e tempo para usá-lo. Mas não precisava pensar nisso agora. Você estava muito ocupado sendo enviado através do túnel da desgraça, as paredes desabando para dentro como o compactador de lixo em *Star Wars*, a gosma de sua eternidade anterior deixada para trás, nada a que se agarrar, uma montanha-russa incessável que aparentemente só poderia terminar com sua destruição. Você fez uma boa viagem, suponho — uma vida inteira consistindo em nada além de ter suas necessidades atendidas e dormir, portanto reclamar teria sido grosseiro. Ainda assim, você provavelmente estava irritado. Tinha acabado de se acostumar com a caverna e agora estava morrendo, sem conseguir respirar, acelerando em ansiedade por sabe-se lá o quê.

Isso aconteceu comigo também. No final, nossa primeira morte foi rápida: algumas investidas poderosas por parte da construtora da caverna, e fomos expulsos como o tubo pneumático de dinheiro de um banco, em uma luz penetrante, sem nenhum calor aos nossos olhos infantis. (Devemos notar que, para alguns de nós, isso foi ainda mais rápido e dramático: o teto da caverna foi repentinamente rasgado, e mãos gigantes se estenderam para nos puxar para fora.) Um ser do tamanho do Godzilla nos pegou, deu um tapa em nossas costas e, com uma tesoura quase tão grande quanto nós, cortou o cordão que nos ligava a tudo o que já havíamos conhecido. Estava frio, seco e solitário, e estávamos cercados por gigantes.

Pode apostar que choramos.

MAS FICOU TUDO bem no final. Ou no *começo*. Porque, quando penso quão confuso eu costumava ficar sobre algo tão pessoal quanto meu próprio nascimento, quanto eu havia interpretado mal esse milagre do universo, hesito em fazer afirmações absolutas sobre o que estou experimentando agora, a parte que eles chamam de "vida". Já andei mais da metade dos tradicionalmente declarados 70 anos, mas, quando considero o erro de categoria que cometi ao interpretar meu próprio nascimento como o começo da única vida que terei, em vez de o *fim* de uma vida anterior, não tenho certeza se os começos e os fins são o que supomos que sejam.

O resultado de tirar e de dar o fôlego, reimaginando seu nascimento como o fim de alguma coisa, tem duplo sentido. O primeiro é a humildade perante a natureza e a transcendência que discutimos antes, ou seja, se você não pode *compreender* tudo, então não precisa se preocupar em *controlar* tudo. Alguns de nós demoramos um bom tempo para reconhecer isso como uma bênção. Outros nunca o fazem e ficam furiosos com a possibilidade de que algumas coisas não sejam da nossa conta. Há um motivo pelo qual a invocação que tem servido a milhões de pessoas que buscam a recuperação da dependência do álcool e outros vícios é chamada de Oração da Serenidade: porque aceitar as coisas que não posso mudar na verdade abre um espaço no qual o coração pode ficar em paz. Esse pode ser um dos motivos pelos quais a tradição talvez mais comprometida com tal aceitação produziu um líder na forma do décimo quarto Dalai Lama, que se concentrou mais no bem-estar do coração humano do que no ativismo político tradicional, acreditando que mais

CAPÍTULO 12

corações inteiros tornam os ativistas mais eficazes. O que quer que seja verdade para ele, o primeiro presente ao reimaginar seu nascimento como uma espécie de morte é voltar ao tempo em que você estava totalmente seguro. Mesmo inconsciente da existência de ameaças ao seu senso de segurança, trata-se de chegar a um lugar onde, como disse meu amigo Jim Harrison, "nem lhe passa pela cabeça sentir medo".

O segundo presente de reimaginar seu nascimento é a surpresa mais maravilhosa, e, se você refletir sobre isso por uma vida ou um segundo, pode se tornar a chave para minar suavemente todo o medo. Veja, eu acho que a raiz de todo medo é o medo da morte. Cortamos nossa pele e a puxamos de volta para desafiar os efeitos do envelhecimento, esquecendo que os idosos devem ser homenageados como âncoras para a comunidade aprender como deve se comportar. Colocamos metal, plástico e computadores em nossas veias para manter o corpo vivo muito depois de o espírito começar a vagar para outro lugar. Em nossos piores momentos, permitimos que outros morram por nossa inação, ou às vezes até tirem a própria vida violentamente, porque passamos a acreditar na mentira demoníaca de que o poder de matar equivale a ter poder sobre a morte.

Nossa cultura tem medo de morrer. Não sabemos muito bem como fazer. Na cultura ocidental, enterramos os mortos rapidamente e chamamos os funerais de "celebrações", como se não pudéssemos enfrentar a noção de que, em um sentido muito real, a pessoa que amamos realmente se foi. E no fundo de nossa mente está uma voz mordaz que tenta nos fazer pensar que o fato de que todos vamos morrer significa que tudo o mais não tem sentido. E assim sentimos que devemos fazer tudo o que pudermos para evitar o momento em que o corpo nos libertará. Nós nos aprisionamos na cosmovisão de que a pior e mais importante coisa que nos acontecerá é que morreremos.

Frequentemente medimos a vida pela morte. Quando alguém próximo de casa morre, lembramo-nos dos momentos que compartilhamos

MEDO DA MORTE

com ele ou de quando esteve presente. Isso nos ajuda a medir nossa própria idade e talvez aprofunde nosso desejo de viver melhor. Houve um tempo em que me abstive de ler sites de notícias porque eles despertavam medo desnecessário, delírios de grandeza e perda de tempo. Mas as notícias ainda vazavam, e eu ouvia falar da morte de celebridades. Era impressionante a quantidade de pessoas que me contavam quando figuras públicas morriam, e eu ouvia mais sobre os famosos recém-falecidos do que sobre guerra ou política.

E, claro, *há* um momento para celebrar a vida daqueles que já se foram. Não muito antes de eu começar a escrever este livro, o educador e ativista lakota Richard Twiss morreu repentinamente.* Meu luto foi amenizado pela lembrança da última vez que o vi, quando ele abençoou o encerramento de um retiro com sabedoria. Pelo que entendi, suas tradições afirmam que deve haver até um ano de luto antes que a celebração da vida da pessoa possa começar. Senti que, para alguns de nós, aquela sábia bênção havia se tornado a despedida de Richard e, depois de um ano, estava agora em sintonia com o terreno emocional para celebrar sua vida. Se ajudar as pessoas a morrer é um dos maiores privilégios do caminho espiritual, ajudar os enlutados a integrar a perda pode ser o próximo.

As lindas ideias que Elisabeth Kübler-Ross propôs para compreender os estágios da morte e do luto ressoam em todos os tipos de experiências de desapego. Embora os estágios possam acontecer em várias ordens e se sobrepor, o primeiro estágio é a negação, seguido por raiva, depressão, barganha e então a alegria — ou a paz ou mesmo a glória — da aceitação. Quando concebemos a morte como o fim de tudo, é fácil querer negar. Se trilharmos esse caminho, o próximo estágio será nos entregarmos à raiva pela aparente injustiça da morte por sermos trazidos a este mundo

---

* Sou grato por termos os livros de Richard com os quais aprender: *One Church, Many Tribes* e *Rescuing the Gospel from the Cowboys: A Native American Expression of the Jesus Way.*

CAPÍTULO 12

difícil apenas para sofrer e morrer! Lute essa batalha por um tempo e você se cansará, e aquele vácuo se encherá de melancolia. Essa tristeza, felizmente, não pode prendê-lo para sempre, e, uma vez que se canse disso, a velha crença de que você pode controlar o destino encontrará seu caminho de volta. Então você pode tentar negociar com as portas da percepção, pedindo a elas que abram apenas parte do caminho, porém exigir que uma revelação se autocensure é como querer parar a maré soprando nela. A barganha com a morte pode envolver plástico, metal e computadores, ou pode transformar um rosto artificialmente para parecer mais jovem, ou confundir infantilidade como algo a admirar. Mas depois, se você permitir que a luz entre, terá a aceitação. Sem lutar mais. Serenidade.

O corpo nem sempre se sente pronto para aceitar a morte de entes queridos, especialmente quando essas mortes acontecem de repente. Às vezes precisamos de amigos generosos para nos ajudar nos estágios de luto, e talvez essa jornada precise durar enquanto estivermos aqui. Dor e alegria sempre coexistirão. Mas quero sugerir que existe uma história que não só ajudará no seu próprio luto, mas também o ajudará a se tornar o tipo de pessoa que os outros procuram quando precisam de consolo. Mais do que isso, esta história pode nos ajudar a integrar todos os nossos medos, diminuir o poder debilitante que eles têm sobre nós e até mesmo permitir que se transformem em fontes de emoção, alegria e, sim, mais vida.

Todos os medos estão enraizados no medo da morte, mas o medo da morte é baseado em um enorme mal-entendido. Houve um tempo em que você era mais seguro, mais amado e fonte de esperança de outras pessoas, mais do que poderia imaginar. E então algo aconteceu que o deixou pensando que tudo estava acabado. Esse foi o milagre do seu próprio nascimento.

Gosto de pensar que o que chamamos de "vida" nada mais é do que

MEDO DA MORTE

uma versão mais consciente de nossa gestação no útero. Não estamos tão sozinhos quanto pensamos. O universo é nosso útero agora. E não temos ideia do que acontece quando o corpo morre.

Talvez nós tenhamos. Sabemos que muitas pessoas relataram experiências de quase morte, durante as quais sentiram que estavam viajando por um túnel em direção a uma luz. Sabemos que as lembranças de entes queridos falecidos muitas vezes parecem mais reais do que os pensamentos que temos de amigos vivos. A existência de uma alma que continua após a decomposição do corpo não é confirmada pela ciência. Os ateus *não* podem provar que a alma não *existe*, assim como o dogma religioso não pode provar que ela existe.

Você achar ou não que a alma existe pode não ter a menor importância no final, porque o que a alma realmente faz é *insistir*. Ela está *lá*, e é um mistério. A serenidade vem de aceitar o mistério da insistência da alma.

SENDO ASSIM, a coisa mais assustadora e insegura que poderia acontecer com você já ocorreu. Você não poderia estar aqui sem ela. Você não teria consciência — nenhum gosto ou aversão, nenhum conhecimento, nenhuma presença — se isso não tivesse acontecido. A maior proteção contra o medo que um ser humano pode conhecer é intrínseca a como fomos projetados, e é simplesmente isto: nada mais inseguro pode acontecer com você do que o seu próprio nascimento. Seu próprio nascimento foi apenas o primeiro milagre em uma vida que é em parte um desdobramento de obstáculos para o propósito do seu próprio crescimento, em parte uma caça ao tesouro na qual você é surpreendido pelo êxtase de encontrá-lo, em parte um jardim para você cuidar pelo bem da própria vida. Esse jardim contém flores comestíveis e também ervas venenosas. Portanto, cuidar dele é uma busca heroica com enorme luta

193

CAPÍTULO 12

e deleite cósmico, sem um fim mais elevado do que a descoberta de que o Graal é você.

O nascimento acontece. As coisas desmoronam. Tudo entra em colapso: às vezes, as pessoas; às vezes, cidades; às vezes, as histórias que contamos sobre elas. Há renovação, reconstrução e construção de algo novo. A morte certamente não é o fim.

Ajudar alguém a morrer é um dos privilégios mais sagrados do atendimento religioso. Que dádiva: acompanhar alguém no início da transição, talvez reimaginando sua vida, despedindo-se de entes queridos, preparando-se para transpor a ponte que você os está ajudando a construir. Estar presente na boa morte de outra pessoa reduzirá seu próprio medo da morte e aumentará a sensação de mistério pacífico que cerca essa inevitabilidade.

O padre e psicoterapeuta jesuíta Anthony de Mello costumava convidar as pessoas para uma meditação guiada sobre os estágios da decadência que seu próprio cadáver acabaria por experimentar. Se você é novo nisso, pode parecer quase risível pensar que tal exercício seria apropriado para a contemplação. Mas ele é um remédio forte para uma doença forte. Pois, se nossos medos estão tão profundamente ligados à nossa dissociação do corpo, então estaremos bem servidos por qualquer coisa que possamos fazer para nos reconectar com a nossa carne. Correndo o risco de soar mórbido, outro presente seria imaginar todos os benefícios da morte: sem responsabilidades, nada com que se preocupar, nenhuma sensação de carência (para não falar de todo o amor que se derrama quando as pessoas sentem sua falta).

Mas temos que *procurar* a morte. No entanto, se tudo o que sentirmos for medo, será como se já tivesse acontecido, e não para o nosso bem. Nossa própria morte pode ser prematura e incompleta se não aprendermos a enfrentá-la enquanto temos capacidade consciente. Há propriedades de melhoria da vida em estarmos cientes de nossa pró-

MEDO DA MORTE

pria morte. Ajuda-nos a ver a vida como um espaço intermediário, e não como tudo o que existe. Ajuda-nos a saborear o momento, o dia ou o ano. Ajuda-nos a aceitar as muitas pequenas mortes que acontecem na nossa vida: pense em amizades que agora só existem na memória, ou tarefas concluídas, ou coisas que não correram como esperávamos. Também nos ajuda a conceber pequenas ressurreições: quando o inesperado se revelou magnífico, quando se abriu um novo caminho que parecia impossível, quando nos recuperamos de uma dor ou de uma doença.

Então, em certo sentido, o que chamamos de vida é, pelo menos em parte, uma preparação para a morte, e a morte é o que algumas tradições chamam de "dádiva". As pessoas que ficarão de luto por você o farão por causa do presente que você deu a elas. A maneira de morrer fará parte dessa dádiva, assim como a maneira de viver será moldada pela sua percepção da morte.

Meus avós maternos morreram com uma hora de diferença. Ela aos 73 anos, ele aos 83, e deram um ao outro o dom de não ter que sofrer sua perda.

Poucos dias antes de os efeitos da demência tomarem conta de seu corpo, ajudei a dar banho em meu mentor, Walter, ele deitado nu e frágil, como um Jesus pietà, em uma sala iluminada com sua esposa, June, sua enfermeira e seu amigo. Walter dedicou sua vida profissional a educar as pessoas sobre a dominação e as estruturas de poder deste mundo. Em sua morte, ele incorporou a desistência da dominação.

A verdade do carpinteiro de Nazaré, de que todas as leis encontram seu cumprimento no amor, nunca morrerá, em parte por causa da maneira como ele morreu. O poder momentâneo do Estado e das autoridades religiosas não pode sobreviver à aceitação não violenta da morte física superada por uma história melhor. O amor não pode ser morto.

Sua primeira morte já ajudou a curar pessoas e pode fazer isso por você também. Seu nascimento foi imensamente arriscado e ainda mais

CAPÍTULO 12

improvável. Pense apenas nos poucos acontecimentos dentre bilhões de possibilidades que precisaram colidir para que sua concepção ocorresse! A jornada hercúlea para chegar até aqui! Sua primeira morte o trouxe ao mundo das histórias. E uma história verdadeira, tenho certeza, é que você teve um impacto incalculável na vida de outras pessoas. Eu prometo a você, não importa quão tímida possa ser a sua opinião sobre sua vida até agora, que o próprio fato de ter ocorrido o seu nascimento é suficiente para despertar esperança no coração das pessoas que vivem com o peso do medo.

Não é tarde demais para escolher uma vida consciente, prestando atenção às práticas que evocam o verdadeiro eu. Você não está longe do verdadeiro eu. Na verdade, você não poderia estar mais perto. Tudo o que se interpõe entre o seu eu superficial e o seu eu verdadeiro são a memória e a vontade. Você está disposto a lembrar que existe um núcleo sob o núcleo de quem você pensa que é e a escolher se abrir para ele? Se fizer isso, a cura de outras pessoas continuará simplesmente porque elas estão perto de você. Não será necessariamente fácil. Mas é mais simples do que você possa pensar.

O TÍTULO ORIGINAL deste livro era *Vendo no escuro*. Nos noticiários, na TV e nos filmes, e em nossa mente temerosa, o escuro é onde as coisas ruins acontecem. Isso resulta de uma mistura, às vezes, mortal de superstição, viés de confirmação, um pouco de dados e amígdala correndo solta, puxando o cobertor sobre nossos melhores sentidos.

É claro que coisas ruins acontecem no escuro, porque é fácil esconder as coisas lá. Mas coisas ruins acontecem na luz também. Decisões tomadas à mesa em salas de reuniões iluminadas, conversas mantidas atrás de cercas "respeitáveis": estas também estão sujeitas às tendências egoístas da corrupção humana. Assim como Ricardo III, de Shakespeare,

MEDO DA MORTE

"posso sorrir e matar enquanto eu sorrio", todos nós conhecemos o termo *roubo à luz do dia*.

O décimo quarto Dalai Lama é citado como tendo dito que a melhor coisa que os americanos (e, presumivelmente, qualquer pessoa em uma sociedade industrial) podem fazer para viver melhor é ir para a cama quando escurece e acordar quando amanhece. Luz e sombra trazem dons distintos, e, se não aprendermos a recebê-los e a trabalhar com eles, podemos perder a própria vida.

Portanto, o escuro pode ser um pouco assustador às vezes, mas coisas maravilhosas acontecem lá também: vaga-lumes e sexo, canções de Natal e luz de velas, histórias ao lado da fogueira e cinema, hibernação renovadora, um movimento insubstituível no ritmo da vida.

Além disso, fico impressionado com a noção de Virginia Woolf, fundamentada por Rebecca Solnit em seu livro *Hope in the Dark*, de que "o *escuro*" não é necessariamente mau ou bom; é apenas escuro. Por sua própria natureza, não podemos "vê-lo". Ainda mais profundo, no reino do mito, a escuridão é onde as coisas que nunca poderiam acontecer em outro lugar são realmente possíveis. Certa vez, ouvi o xamã irlandês John Moriarty contar a história de uma noite ao observar o oceano sob o luar através de sua janela enquanto cruzava a sala totalmente escura para acender uma lâmpada. A beleza do que ele testemunhou — a luz de um corpo astronômico iluminando a água — foi indescritível. Mas, quando ele acendeu a lâmpada na sala, a beleza desapareceu. Ele não podia mais ver o oceano com a luz acesa. Então, ele a desligou novamente e ficou olhando para o luar por horas, absorvendo a luz que só podia ser vista no escuro.

O fato de que algumas coisas só podem ser encontradas no escuro, no não conhecido, é uma verdade reveladora e até transformadora. E a boa notícia é que o escuro já é nosso amigo. Somos convidados a seguir em frente pelo *retorno*, porque escuridão foi a primeira coisa que conhecemos.

CAPÍTULO 12

Certa vez, tive um pesadelo em que estava sendo perseguido na rua por uma figura monstruosa com uma arma horrível que pretendia me aniquilar. Nós dois estávamos correndo mais rápido do que conseguíamos, e ela continuou tentando agarrar meu ombro para me girar e me matar. No segundo em que finalmente segurou meu ombro, acordei gritando. Brian estava com a mão no centro das minhas costas, tentando me acordar suavemente. Tendo sido acordado pelos meus gritos, ele queria me tirar do pesadelo.

"Está tudo bem. Está tudo bem", ele disse, terno, confiante. "Você está seguro."

Naquela época, eu sabia o suficiente sobre como o corpo retém e resolve traumas ao desacelerar minha respiração. Assim, fiquei ali acordado por um bom tempo, inspirando e expirando conscientemente em um ritmo que regularia meus batimentos cardíacos e me permitiria reorganizar a mobília bagunçada da minha mente.

No dia seguinte, ponderei sobre o sonho. Pareceu-me que o homem que estava tentando me matar representava algo como os espíritos gêmeos do niilismo e do desespero, que tantas vezes invadem minha mente quando estou acordado. Você pode sentir isso às vezes: a sensação de que a vida não tem sentido ou de que há tanta dor no mundo que somos levados a um desespero insuportável. É uma sensação muito comum. Tal como acontece com tantas coisas no reino tocado pelo medo, essa é a primeira boa notícia. Se essas emoções são comuns, nenhum de nós está sozinho.

Mas há notícias ainda melhores.

Outra noite tive um sonho diferente e desta vez acordei rindo. Foi um sonho simples sobre algo que realmente aconteceu comigo em 1986. No sonho, eu tinha 11 anos e estava andando pela rua, ouvindo música no que eu chamava de "walkman", mas era uma imitação genérica, muito mais barata do que o modelo oficial da marca Sony. A música era "The

MEDO DA MORTE

Power of Love", de Huey Lewis and the News. Talvez você não tenha percebido nessa música um trabalho psicológico profundo, mas preste atenção e encontrará em seu cerne um pouco de sabedoria. Huey — e, também, os News — quer que saibamos que o amor é gratuito, mas caro, surge do nada e aparentemente está em todos os lugares, pode nos oprimir e provocar grande dor, mas, se nos entregarmos a ele, o que mais poderíamos querer ou precisar?

Acordei sonhando no meio da música e estava realmente rindo. Porque a sensação que tive no peito ao ouvir aquela música aos 11 anos — a sensação de alegria, de possibilidade, de *bem* absoluto em relação ao mundo, ou pelo menos em relação ao que quer que estivesse acontecendo naquele momento particular — estava subitamente inundando *minha mente* de 42 anos como se nunca tivesse ido embora. E tinha ido embora, veja só, porque eu havia cometido muitos erros e assumido muitos fardos para manter a alegria.

De qualquer forma, a inocência precisa amadurecer antes de se tornar algo maravilhoso. E aqui estava eu tendo a mesma sensação em meu peito como décadas atrás, com a admiração me envolvendo em um sonho.

E percebi que tudo o que acontece ocorre na minha mente. A percepção que tenho do mundo é tudo o que tenho para seguir em frente. E posso escolher conscientemente quais lentes usar. Os espíritos gêmeos do niilismo e do desespero existem na minha mente. O espírito de inocência evoluindo para algo maravilhoso existe na *minha mente também*. Posso escolher o que fazer com minha mente. Assim como o corpo registra as piores coisas que nos aconteceram, ele também mantém as mais felizes! Todas as alegrias, esperanças, paixões, sorrisos, antecipações e devires gloriosos que experimentamos ainda existem em nosso corpo. Estão apenas esperando que você se lembre deles e escolha os caminhos que preencherão a lacuna entre o que o seu ego pensa que quer e o que o seu verdadeiro eu jamais *poderia* perder.

CAPÍTULO 12

A atual crise global é uma crise de contar histórias. Conte a história de uma forma que exagere o medo, e a violência aumentará. Conte a história de uma forma que diminua o medo, e a violência também diminuirá.

Podemos transformar nosso medo com as histórias que contamos.

Temos uma história melhor. Tudo começou quando sua primeira morte lhe deu vida.

A SÉTIMA FORMA DE NÃO TER MEDO:
PERGUNTE-SE O QUE VOCÊ PODE VER NO ESCURO

O QUE COSTUMA ser mais assustador não é naquilo que acreditamos que vai acontecer, mas a incerteza do que poderia acontecer. Enfrentar a incerteza é necessário para estar no mundo a qualquer momento. Isso pode parecer uma má notícia: nunca escaparemos da ansiedade, seja a origem dela de fundo, seja de apenas drama.

Mas há outra forma de ver isso: se a incerteza é um fato permanente da vida, o que aconteceria se parássemos de tentar combatê-la? E se parássemos completamente de jogar o jogo, de tentar controlar o futuro ou o que as pessoas pensam de nós ou podem fazer conosco? E se começássemos a viver como se já estivéssemos mortos? Não como zumbis cambaleantes sem ter para onde ir, nem como mártires traumatizados pela perseguição, mas como aqueles que acordam para o que realmente importa, uma vez que não se preocupam mais com o que não vale a pena?

O mais real é o que está *dentro*, e pode muito bem ter estado lá muito antes de você notar. Você pode ignorá-lo, mas não pode apagá-lo. Você pode ser amigo dele ou, melhor ainda, deixar que ele seja seu amigo. Ele pode oferecer a garantia de que você está bem. Você sempre esteve. Você não está aqui para "ter sucesso" ou expandir seu território. Você está aqui para morrer para tudo o que não honra a realidade, para tudo o que não dá vida.

MEDO DA MORTE

Antes que possamos realmente experimentar o momento que estamos vivendo, precisamos abrir mão do falso conforto de uma suposta certeza sobre o futuro. Reconhecer que não estaríamos aqui se não tivéssemos nos rendido à nossa primeira morte não só nos ajudará a nos preparar para a segunda (quando ela acontecer), mas também nos ajudará a descobrir o que realmente importa hoje. E o que realmente não importa.

Então, um convite final se apresenta.

Você consideraria entrar na escuridão, não do terror, mas do não saber?

Você poderia começar fechando os olhos, até mesmo desligando a luz, e lhe dando apenas uma hora para se fazer a pergunta: "O que posso ver no escuro?".

epílogo

COMO NÓS FAZEMOS as pazes em um mundo onde a dominação é frequentemente retratada como não apenas respeitável, mas sagrada? Como podemos viver como famílias e comunidades quando as estruturas sociais muitas vezes parecem estar fazendo tudo o que podem para minar os laços de interdependência e bondade? Como podemos construir amizades quando não há tempo? Como podemos relaxar quando tantos de nós têm medo de não ter dinheiro suficiente? Como podemos curar a epidemia de depressão que parece se espalhar como um vírus transportado pelo ar, não importa em que lugar do mundo estejamos? Como podemos superar as consequências paralisantes de ficar apavorados com o que outras pessoas podem fazer conosco? Como podemos enfrentar os dias em que somos bombardeados por histórias de perigos gigantescos que podem nos ameaçar diretamente? Como, em última análise, podemos encontrar paz com nossos deuses e uns com os outros e, no final, nos olhar no espelho e sorrir?

Passei a acreditar que o que preciso é simples:

Preciso de um círculo próximo de cerca de uma dúzia de pessoas — sendo que cada uma delas é emocionalmente madura de uma maneira que o resto de nós não é — nas quais posso encontrar apoio, encorajamento, celebração, luto e dança.

Preciso da iniciação dos mais velhos e de orientação contínua para

EPÍLOGO

equilibrar as partes arquetípicas do meu ser: o amante, o soberano, o guerreiro-protetor e o mago.

Preciso discernir um sentido de propósito alicerçado em meu verdadeiro eu, vendo meus privilégios como um recurso para servir ao bem comum e minhas carências como um convite à solidariedade.

Preciso dedicar minha atenção à beleza com mais frequência do que ao sofrimento. Pois é a beleza que nos levará a entrar em um mundo onde sempre haverá mais do que o suficiente do que precisamos ou poderíamos desejar.

Preciso respirar um pouco mais devagar.

O MUNDO NÃO está desmoronando. Mas a história que estamos contando precisa de alguma ajuda.

Aqui estão algumas ideias que você pode seguir.

1. Obrigado por ler este livro. Considere voltar ao início, responder aos convites da parte 1 e experimentar as formas de não ter medo no final de cada capítulo na parte 2, talvez repetindo a mesma prática diariamente por uma semana antes de passar para a próxima.

2. No final do livro há uma série de "Bênçãos", oferecidas na tradição sagrada de invocar cura, proteção ou ação. Você pode lê-las em voz alta, uma por vez em ocasiões específicas de necessidade, ou todas juntas quando quiser reiniciar seu relacionamento com o medo.

3. Quando encontrar uma história, pergunte-se: "A história é verdadeira e é útil?". Se a resposta for negativa, assuma a responsabilidade de encontrar — ou criar — uma versão mais verdadeira ou útil.

EPÍLOGO

4. Comprometa-se a aprender a controlar conscientemente seu relacionamento com a comunicação eletrônica, as mídias sociais, as notícias e a cultura popular, em vez de permitir que elas controlem você.
5. Passe mais tempo com amigos do que com máquinas.
6. Considere formar Círculos da Varanda, em que grupos de três a doze pessoas compartilham a vida. (Mais detalhes no final do capítulo 11 (p. 184) e aqui: https: //www.theporchmagazine.com/ porchcircles.)
7. Respire.
8. Considere passar uma semana a cada trimestre indo para a cama quando escurece e levantando-se quando amanhece.
9. Pergunte a si mesmo o que você tem e como pode compartilhar isso para servir ao bem comum. Pergunte a si mesmo o que lhe falta e quem são as pessoas em quem confia e a quem pode pedir ajuda.
10. Se você considerou essas ideias úteis, compartilhe-as com outras pessoas.

Não estamos aqui para *vencer* nossos medos, mas podemos *transformá*-los por meio de uma história em que o medo encontra seu devido lugar. Aprender essa história é uma jornada para toda a vida, cujo terreno inclui topos de montanhas e pedras nas quais tropeçar.

Uma dessas pedras nas quais tropeçamos é o medo de nunca mudar. Se esse é um pensamento familiar, saiba de uma coisa: todas as tradições de sabedoria espiritual concordam que, não importa como foi o ontem, você pode retomar o caminho hoje.

Nada do que aconteceu antes é desperdiçado: seus próprios erros e aqueles cometidos por outras pessoas, as feridas que ainda não se transformaram em cicatrizes e as que já se transformaram em superpoderes,

EPÍLOGO

as orações aflitas e as danças comemorativas, os terrores noturnos, a ansiedade diurna, o desejo de ajudar, a esperança por um mundo melhor e o compromisso de desempenhar sua parte nele. Todas essas bênçãos e todos esses fardos podem ser colhidos, para o bem, por meio das histórias que contamos. Até os demônios podem ser curados. Os ingredientes para uma história melhor já estão dentro de nós. Tudo de que precisamos é fazer amizade com eles.

Então, vamos começar.

bênçãos

Uma bênção por não estar sozinho

Ao observar o fluxo de um rio no inverno,
o redemoinho e a ondulação,
o entalhe de gelo no meio,
a neve acumulada nos dois lados,
as rochas,
os ramos ao vento do pinheiro crescente,
os ramos caídos ao lado dele,
que você veja tudo o que há para ver.

Que você saiba que só você vê isso dessa forma agora.

Esse rio, esse redemoinho e ondulação, esse pedaço de
    gelo e a neve, as rochas, os ramos: *você é testemunha
    deles.*

Que você conheça, no lugar mais profundo,
a realidade da amizade.
A amizade da realidade.

BÊNÇÃOS

O universo, cheio de mãos abertas acenando.
Aguardando.
Que você seja amigo dele.

Uma bênção para respirar

Respire,
sabendo que cada molécula
tanto dentro quanto fora do seu corpo é poeira estelar
e imbuída da luz divina —
nada separado, tudo em uma espiral de e para o Amor.

Respire,
sabendo que a pior dor da sua vida
já foi experimentada pela misericórdia do universo.

Respire,
sabendo que, se as pedras desejam se tornar catedrais,
então você — encarnação da divindade, mescla de sagrado
    e profano,
um pouco abaixo dos anjos —
não é a soma total das piores coisas que aconteceram com
    você
ou das piores coisas que você fez.

Respire,
sabendo que aqueles que você mais admira —
os Gandhis e madres Teresas e Fannie Lou Hamers e
    aqueles que limpam minas terrestres e deitam-se com

leões em nome da paz —
são os frutos de vidas que foram crucificadas no
sofrimento.
Ninguém se torna grande sem primeiro ser rebaixado.
Ninguém desenvolve verdadeira empatia pelo maior
sofrimento sem tocar em parte desse sofrimento.

Respire.

Uma bênção pela descoberta de que o normal é sempre extraordinário

Quando a manhã chegar, você pode acordar,
deixando escapar seu controle sobre a noite, e virar-se
para cumprimentar a si mesmo.

É um novo dia,
e você está aqui.

Não há menos amor neste dia do que houve no seu melhor
dia, não há menos oportunidades de fazer mais amor.

A esfoliação cristalina da água na pele,
o frescor verde brilhante da maçã na fruteira, a gravidade
zero dos pés no chão, olhos fechados, agradecidos.

O espaço transcendental ocupado pela primeira, pela
próxima e pelas últimas pessoas que você vê.

BÊNÇÃOS

O coração na música que você vai ouvir.

Que você experimente o conhecimento profundo de que
o propósito do tempo é mostrar que você está vivo — e
que você não seja mais dominado pelo tempo, mas
dance com ele.

Que você conheça o trabalho da sua vida — e assim possa
desfrutar da missão feita de trabalho e lazer.

Que você ouça a voz interior do significado —
e assim possa se tornar titular da sua história para que
possa escrever o final.

Uma bênção da suficiência

Que você possa ver que está envolvido no Deus que ri,
e seu lugar no universo está garantido,
e que você seja limitado apenas pela história que estiver
contando a si mesmo.

Diz-se que aqueles que são titulares da própria história se
beneficiam dela e podem se tornar agentes de cura em
meio à escuridão da vergonha e do medo.
Ser dono da história significa ser dono do tempo.
Ser dono do tempo torna você capaz de fazer milagres.

Que você aprenda a ser dono da sua história para que
possa se curar.

BÊNÇÃOS

Uma bênção para quando
o mundo parece grande demais

Você é luz.
Você é santo.
Você é chamado.
Neste momento. Nesta hora e lugar.
Mãos invisíveis seguram você.
Você não está amaldiçoado.
Você é chamado.
Você chegou até aqui, e agora não é o momento de
    começar a lutar contra a realidade.
Algumas pessoas não chegaram tão longe.
Que possamos fazer por elas o que elas não são mais
    capazes de fazer.
Viver.

Uma bênção para o próximo passo

Não é de admirar que queira ser um pacificador, pois você
    já viu muitos conflitos.

Não é de admirar que queira curar a vergonha, pois você
    tem sido um lar para a humilhação.

Não é de admirar que tenha se sentado nas cinzas da
    solidão, pois você foi culpado por erros que não foram
    seus a ponto de querer morrer.

BÊNÇÃOS

Não é de admirar que queira transformar histórias de
supremacia, histórias de culpa, histórias egoístas,
histórias de separação,
pois você sabe o peso do que acontece quando os humanos
não fazem seu trabalho interno.

Então

Que você vá a lugares do mais prazeroso conhecimento
com amigos e da mais profunda intimidade com
amantes e atravesse a floresta perigosa e emocionante
do ativismo com camaradas.

Que você possa emergir em lugares espaçosos,
encontrando a garantia de que não merece estar
sobrecarregado pela sombra de outras pessoas.
Que você descubra que a vergonha venenosa se baseia em
uma mentira e que sua solidão não é o fim.

Que você encontre o caminho para reparações honestas
dos seus erros e para a cura da mágoa que conheceu.
À medida que a dor é curada e os dons desabrocham, que
eles possam dançar uns com os outros.
Que o fruto da bondade e da solidariedade esteja íntegro
em seus lábios.
E que você descubra e mantenha cuidadosamente uma
visão do que está fazendo aqui.

Incrivelmente criativo,
com coragem quando precisar,

BÊNÇÃOS

com toda a comunidade de que necessitar,
entrelaçados no tecido da crise
e do presente deste momento.

Um soberano, um amante,
um mago,
um guerreiro-protetor
para o bem comum.

Que sua ferida se transforme,
primeiro, em uma cicatriz
e, depois,
em uma história de cura.

Uma bênção por enxergar no escuro

Ninguém pode conhecer a sua escuridão como você pode.
E mesmo você não vai *conhecê*-la, a menos que a *enfrente*.
É estranho, eu sei, imaginar como *enfrentar* alguma coisa
    que você não consegue ver.

Mas há coisas que só podem ser encontradas no escuro.
Há luz que só pode ser vista no escuro.
Pode haver até fragmentos ou dimensões de amor que só
    lhe tocarão se permitir que eles visitem você no escuro.

Você está aqui não apenas para salvar o mundo, mas para
    ser mudado.

BÊNÇÃOS

Assim, a noite pode colocar você em contato com
lembranças — uma análise do dia, com gratidão e
aprendizado; do ano; da sua vida e das sete gerações
que o trouxeram até aqui.
E com possibilidades — do ano, da sua vida e das sete
gerações que virão.

Que você acorde dos seus sonhos sorrindo
e leve a inocência que se torna admiração aonde quer que
vá.

Que você pise levemente na terra.
Saiba que ela pertence a você
e a ela você também pertence.

Uma bênção pela amizade com a sua própria alma

Você merece ser conhecido pelo milagre de um dia.
Você é embalado durante a noite, o crepúsculo
confirmando o trabalho de ontem.
Você não apenas acorda. Você desperta para algo.

Fique na frente do espelho e repita vinte vezes: "Sou
superdescolado, lindo e incrivelmente vivo".
No chuveiro, seja gentil com sua pele, como se estivesse
acariciando uma escultura de Rodin.
Pegue o primeiro pedaço de papel que encontrar
e transforme-o em um origami do Yoda.
Prepare o café da manhã como se estivesse fazendo amor

BÊNÇÃOS

e coma-o assim também.
Certifique-se de que ninguém esteja olhando.

Desta vez é para você.
Para se preparar para o milagre de um dia.
O seu dia.

Saia para o mundo das maravilhas — árvores, carros,
    estradas, edifícios, livros, restaurantes, computadores,
    mesas e a maior das maravilhas: pessoas!
Ah, pessoas, confusas e lindas, vivendo e morrendo,
    enganadoras, tentando e tentando arduamente ser
    boas.

Elas precisam de você.
Nós precisamos de você.

Porte-se como alguém que acredita na própria glória —
    nem mais nem menos que os outros, mas convidando-
    -os a fazer o mesmo.

Alongue os braços, as pernas e o pescoço e deixe sua voz
    transcender Whitman, pelo amor de Deus: transforme
    isso em um grito *beatificado*!
Saia para almoçar e desfrutar do sacramento da
    interrupção que é entrar na fila, escolher e comer.

Olhe para o céu!
Esse é o seu telhado.
Saiba que você não é a única pessoa pensando nisso.

BÊNÇÃOS

E que vocês estão certos.

Então, quando a jornada de trabalho estiver acabando
e você se preparar para dar lugar ao descanso e ao lazer,
encontre alguém que precise do seu sorriso.
Dê isso a ele. E você nunca o perderá.

Que você possa encontrar o *Anam Cara* interno.
Uma amizade de alma consigo mesmo
que se abre aos outros,
cria um lar para eles
e transfigura sua vida interior.

Que você seja o amigo que todos nós estamos esperando.

agradecimentos

A GENEROSIDADE DE amigos e colegas tornou este livro parte dos meus relacionamentos, em alguns casos, durante anos. Agradeço a eles por aparecerem em minha vida em cada momento e por permanecerem por tanto tempo.

Inúmeros amigos contribuíram, e é impossível nomear todos. Junto com as amadas comunidades Circle of Mercy, Mankind Project, Movies & Meaning, *The Porch* e New Story Festival, assim como minha família, cada uma das pessoas a seguir me deu incentivo, *feedback* e afirmação especiais para manter o curso.

Meu parceiro de vida e do lindo trabalho juntos, Brian Ammons; meu *melhor* professor, Melvin Bray; meus parceiros do grupo de escritores, Giles Carwyn e Pana Columbus; meu coconspirador do New Story, Mike Clawson; o brilhante criador de filmes e cafés da manhã, Mark Cousins; meu agente de apoio, Greg Daniel; o pensador lateral e gênio pastoral, Steve Daugherty; meu querido amigo e a própria definição de homem da Renascença, Rodrigo Dorfman; minha colaboradora do Soul Telegram, Cathleen Falsani; o maravilhoso Maranu Gascoigne; o calmo e corajoso Tyrone Greenlee; a magnífica Wendy Grisham; o eminente Lyndon Harris; Kathy Helmers, que estava lá no início; o poeta e provocador da paz, Paul Hutchinson; a juíza assistente Micky ScottBey Jones; o humilde ativista Steve Roach Knight; Dave Krysko, que é generoso com ideias e hospi-

AGRADECIMENTOS

talidade; David LaMotte, que esperou cinco anos para que eu respondesse a seu *feedback*; a maravilhosa transformadora de conflitos Michelle LeBaron; o dançarino chocantemente bom, Geoff Little; meu colega na conversa que nunca termina, Jett Loe; David MacDonald, que me ensinou a respirar mais devagar; Daniel Maldonado, que viu coisas em mim que eu não estava pronto para ver por mim mesmo; o guerreiro pacífico e documentarista Frederick Marx; Vincent Matthew Edralin, que espelha a autoaceitação de forma tão poderosa; Tyler McCabe, que apoiou a redação, em suas palavras, "por sua pura emoção humanitária!"; o, às vezes, barbudo e sempre hilário Carl McColman; a extraordinária poeta Gail McConnell; o coautor mais generoso, Brian McLaren; o lendário colega de quarto Richard Moor; minha diretora espiritual favorita, Karen Moore; nossos verdadeiros vizinhos em todos os aspectos, Mike Morrell e Jasmin Pittman Morrell; minha colega de cinema, Kathleen Norris; Gabriel Peltier, que mudou minha vida; a sábia e sempre hilária Nance Pettit; Jacob Ratliff, que faz tudo que eu não posso; minha casa longe de casa, Mike e Rosemary Riddell; a *swami* Nicholaes Roosevelt; Guy Sayles, com quem compartilhei as melhores risadas em anos; Frank Schaeffer, que está sempre presente quando eu peço; minha pastora, Nancy Hastings Sehested; meu verdadeiro camarada, Mark Silver; Valerie Weaver-Zercher, que editou este livro com graça, paciência e clareza; meu aliado da Medicine Stories, David Wilcox; e amigos que sempre me presenteiam com aceitação e pertencimento: Tom e Anne Butler, Michael Dowd, K. Stellar Dutcher, Eric Elnes, James Mcleary, Dan Mermin, Danny Morris, James Navé, Will "Shuggy" Otto, Michael Poffenberger, Drew Potter, Linda Sack, Don Shriver e Peggy Leu Shriver, Kristine Socall, Dan Snyder, Chance Taureau, Barry Taylor, Scott Teems, Vic Thiessen, Tim Tyson, George Viney, Jared Williams, June Keener Wink e Colin Fraser Wishart.

Muitas dessas pessoas são escritores, músicos, artistas, professores e ativistas — convido vocês a pesquisar sobre seus trabalhos vivificantes.

AGRADECIMENTOS

No final das contas, o que o nome dessas pessoas boas me lembra é que não há casa mais espaçosa do que a amizade. Todos esses amigos são brilhantes, como nós também somos. É bom lembrar disso, e sempre.

notas

APRESENTAÇÃO

xvi "Se as coisas estão melhorando ou piorando, depende do ponto de vista de cada um e daquilo que nos preocupa": Sobre os conceitos relevantes da "Grande Reviravolta" e da "Grande Virada", consulte Joanna Macy e Molly Brown, *Coming Back to Life: The Updated Guide to the Work That Reconnects* (Gabriola Island, British Columbia: New Society, 2014).

xvii "Onde nascemos com privilégio": Adrienne Maree Brown, "Report: Recommendations for Us Right Now from a Future", Sublevel Mag, 26 nov. 2019. Disponível em: https://tinyurl.com/y6yfpudm

INTRODUÇÃO

2 "chegando devagar": YEATS, W. B. "The Lake Isle of Innisfree". *In*: The Collected Poems of W. B. Yeats. Londres: Palgrave Macmillan, 1989.

9 "Também é importante notar que a origem da palavra": KINGSLEY, Peter. *Catafalque*. Londres: Catafalque, 2018.

11 "Na verdade, o momento atual tem despertado a ansiedade de

NOTAS

maneiras profundas": A psicóloga Abigail Marsh oferece dois passos úteis para controlar o medo durante a pandemia de coronavírus que são aplicáveis aos medos necessários e legítimos na vida cotidiana: "buscar boas informações" (que para nossos propósitos deve incluir sabedoria, assim como fatos) e "exposição sensata à ameaça". Ver MARSH, Abigail. "How We Can Keep Fear from Spiraling Out of Control", *Washington Post*, 23 jun. 2020. Disponível em: https://tinyurl.com/ managenecessaryfear

CAPÍTULO 1: DE QUE VOCÊ TEM MEDO?

17 "O ser humano comum está vivendo provavelmente na época mais pacífica": Veja PINKER, Steven. *Os anjos bons da nossa natureza*: Por que a violência diminuiu. São Paulo: Companhia das Letras, 2013.

24 "Primeiro, encontre um lugar tranquilo para se sentar": Esse exercício, aprendido na terapia, é baseado na Técnica de Coerência Rápida da HeartMath. Disponível em: https:// tinyurl.com/ y3emkdjl

CAPÍTULO 2: MEDO É UMA HISTÓRIA

32 "Em seu poema 'The Skylight'": HEANEY, Seamus. "The Skylight". *In: Seeing Things*. Londres: Faber and Faber, 1991.

34 "A espiritualidade é nossa relação viva com o mistério": SUNDBORG, Steven. *In:* HART, Thomas. *Spiritual Quest: A Guide to the Changing Landscape*. Mahwah, New Jersey: Paulist, 1999. p. 40.

35 "A maioria de nós está vivendo no mundo mais pacífico que já

NOTAS

existiu." Para evidências e argumentos abrangentes nesse senti-do, consulte Pinker, *Os anjos bons da nossa natureza*; Hans Rosling, Anna Rosling Rönnlund e Ola Rosling's, *Factfulness: Ten Reasons We're Wrong about the World — and Why Things Are Better Than You Think* (Nova York: Flatiron, 2018); e o site constantemente atualizado http://www.humanprogress.org

35 "Contudo, o círculo de empatia em expansão nos sensibiliza para a dor": Veja SINGER, Peter. *The Expanding Circle: Ethics, Evolution, and Moral Progress* (Princeton, New Jersey: Princeton University Press, 2011).

35 "Os índices de violência provavelmente estão ligados à desigual-dade social": Eric Michael Johnson, "The Joker's Wild: On the Ecology of Gun Violence in America", *Scientific American*, 26 jul. 2012. Disponível em: https://tinyurl.com/y37qr6vc

35 "Guerrear em vez de dialogar com nossos inimigos": Ver Erica Chenoweth e Maria J. Stephan, *Why Civil Resistance Works: The Strategic Logic of Nonviolent Conflict* (Nova York: Columbia University Press, 2012).

36 "A melhor crítica para o que é ruim é a prática do que é me-lhor": Richard Rohr, "The Eight Core Principles of the Center for Action and Contemplation", Center for Action and Contemplation. Disponível em: https://tinyurl.com/y532vmrm

37 "Não tenha medo de ninguém": O discurso de Laurie Anderson em homenagem a Lou Reed na cerimônia no Hall da Fama do Rock'n'Roll em 2015; mais detalhes em: https://tinyurl.com/LaurieLou

38 "A melhor maneira para descrever isso é dizer que encontramos nosso lugar": Veja Gareth Higgins e Brian McLaren, *The Seventh Story: Us, Them, and the End of Violence* (Asheville, Carolina do Norte: The Porch, 2018).

NOTAS

Capítulo 3. Uma breve história do medo

45 "Predadores devoradores de humanos, nos diz o poeta naturalista David Quammen": David Quammen, *Monstro de Deus: feras predadoras: história, ciência e mito* (São Paulo: Companhia das Letras, 2007).

47 "Todos nós observamos o que o teólogo e estudioso da Bíblia Walter Wink chama de 'sistema de dominação'": Para obter um resumo mais acessível ao trabalho marcantemente importante de Walter Wink, consulte *The Powers That Be: Theology for a New Millennium* (Nova York: Harmony, 1999).

50 "Isso significa revelar o que Simone Weil chamou de 'nosso maior poder'": Simone Weil, *O peso e a graça* (Edições Chão da Feira, 2021).

57 "Há uma invocação Hopi que, entre outras coisas, nos diz": A profecia dos anciãos Hopi, "We Are the Ones We've Been Waiting For", Awakin. org, 8 jun. 2000. Disponível em: https://tinyurl.com/hopielders

57 "Brian McLaren define ritual como": Brian McLaren, *Why Did Jesus, Moses, the Buddha, and Mohammed Cross the Road? Christian Identity in a Multi-faith World* (Nashville: Jericho Books, 2012).

Capítulo 4. Você não sabe o fim da história

61 "O que quer que você diga, não diga nada": Seamus Heaney, "Whatever You Say, Say Nothing", em *North* (Londres: Faber e Faber, 1975).

63 "A história representada por Ingrid Bergman e Humphrey Bogart": Estou em dívida com o professor de roteiro Robert McKee por essa interpretação de *Casablanca*. Eu o ouvi falar sobre isso em um seminário. Disponível em: http://www.mckeestory.com

NOTAS

Capítulo 5. Sua história pode ser um abrigo

74 "o espelho, consagrando o que é desagradável": John O'Donohue, *Beauty: The Invisible Embrace* (Nova York: Harper Perennial, 2005).

77 "os olhos com os quais vejo Deus são os mesmos olhos através dos quais Deus me vê": Mestre Eckhart, *The Complete Mystical Works of Meister Eckhart*, trad. Maurice O'C. Walshe (Freiburg im Breisgau, Alemanha: Herder & Herder, 2010).

78 "Os poços sagrados às vezes se tornavam locais de resistência política": Michael P. Carroll, *Irish Pilgrimage: Holy Wells and Popular Catholic Devotion* (Baltimore: Johns Hopkins University Press, 1999).

Capítulo 6. Medo de ficar sozinho

87 "Em *Autobiografia do vermelho: Um romance em versos*, a poeta Anne Carson descreve". Anne Carson, *Autobiografia do vermelho: Um romance em versos* (São Paulo: Editora 34, 2021).

92 "A experiência religiosa essencial é a de que você *é conhecido*": Richard Rohr, *The Naked Now: Learning to See as the Mystics See* (Chestnut Ridge, Nova York: Crossroad, 1999).

92 "Não estamos sozinhos, vivemos no mundo de Deus". United Church of Canada, "A New Creed", 1968; rev. 1980, 1995. Disponível em: https://tinyurl.com/y2eq3b2b

NOTAS

CAPÍTULO 7. MEDO DE TER FEITO ALGO QUE NÃO PODE SER REPARADO

100 "falhei em minhas sessões de aconselhamento quando quebrei a cadeira em que estava sentado": Esse poema não havia sido publicado até o momento em que este livro foi escrito, mas você pode encontrar mais da obra do poeta em Paul Hutchinson, *Between the Bells: Stories of Reconciliation from Corrymeela* (Norwich, Reino Unido: Canterbury, 2019).

CAPÍTULO 8. MEDO DE UMA VIDA SEM SENTIDO

114 "Um grande artista nunca é pobre": *Festa de Babette*, escrito e dirigido por Gabriel Axel (Dinamarca: Nordisk Film, 1987).

114 "verdadeiro sonho de céu azul": E.E. Cummings, "I thank You God for most this amazing", em *Xaipe* (Nova York: Liveright, 1950).

116 "Você cria sua vida a partir dos talentos que descobre. Ou não": Ken Robinson, "Life Is Your Talents Discovered", *TEDxLiverpool*, vídeo do YouTube. Disponível em: https://tinyurl.com/talentsyoudiscover

CAPÍTULO 9. MEDO DE NÃO TER O SUFICIENTE

125 "Os homens o fizeram. Mas os homens não podem controlar isso.": John Steinbeck, *As vinhas da ira* (Rio de Janeiro: Best Seller, 2008).

128 "Os maasai da África praticamente não têm renda em dinheiro": Ed Diener, "Income and Happiness", *Observer*, 24 abr. 2005. Disponível em: https: // tinyurl.com/dienerhappiness

NOTAS

131 "Os estudiosos Elizabeth Dunn e Michael Norton sugerem em seu livro *Dinheiro feliz*": Elizabeth Dunn e Michael Norton, *Dinheiro feliz: a arte de gastar com inteligência* (JSN, 2014).

132 "Antes de poder lutar, você tem que saber pelo que está lutando": Naomi Klein, "Demonstrated Ideals", *Los Angeles Times*, 20 abr. 2003. Disponível em: https://tinyurl.com/knowwhatyouare-fightingfor

136 "Diz-se que as crianças nos campos de refugiados da Segunda Guerra Mundial": Dennis Linn, Matthew Linn e Sheila Fabricant Linn, *Sleeping with Bread: Holding What Gives You Life* (Mahwah, New Jersey: Paulist, 1995).

Capítulo 10. Medo de ser fragilizado para sempre

145 "Acho que foi assim que Etty Hillesum e Viktor Frankl enfrentaram o Holocausto": Viktor Frankl, *O homem em busca de um sentido* (Lua de Papel, 2012); Etty Hillesum, *Uma vida interrompida* (Editora Âyiné, 2020).

153 "conexões suprapessoais": Carl Gustav Jung, *Collected Works of C. G. Jung*, vol. 16, *Practice of Psychotherapy* (Princeton, New Jersey: Princeton University Press, 1966).

154 "A lente arquetípica mais útil para mim é quádrupla": Popularizado por Robert Moore e Douglas Gill, em *King, Warrior, Magician, Lover: Rediscovering the Archetypes of the Mature Masculine* (São Francisco: HarperOne, 1991).

159 "Certa vez, um homem sábio me conduziu a um exercício que ele chamou de Encruzilhada." Com base no trabalho de treinamento de líderes do Mankind Project, copresidido por Rick Broneic, John Gaughan e FuGen Tom Pitner. Disponível em: https://www.mankindproject.org

NOTAS

Capítulo 11. Medo do mundo

167 "há duas formas de compreender o mundo": Do apoio de Steven Pinker a Ronald Bailey e Marian Tupy, *Ten Global Trends Every Smart Person Should Know: And Many Others You Will Find Interesting* (Washington, DC: Instituto Cato, 2020).

169 "De qualquer forma, ainda é mais rápido denunciar os poucos saqueadores": Veja, por exemplo, Paul Hawken, *Blessed Unrest: How the Largest Social Movement in History Is Restoring Grace, Justice, and Beauty to the World* (Nova York: Penguin, 2007).

171 "Depende da nossa participação": Barbara Holmes, "Contemplation and Racism", *Center for Action and Contemplation*, 12 jun. 2020. Disponível em: https://tinyurl.com/moralarc

174 "Como essa visão raramente é articulada além dos chavões": "The King Philosophy", *The King Center*. Disponível em: https://tinyurl.com/y4vxkns6

176 "Mas a ideia de que apenas a violência": Ver Erica Chenoweth e Maria J. Stephan, *Why Civil Resistance Works: The Strategic Logic of Nonviolent Conflict* (Nova York: Columbia University Press, 2012).

179 "O abraço invisível": John O'Donohue, *Beauty: The Invisible Embrace* (Nova York: Harper Perennial, 2005).

Capítulo 12. Medo da morte

194 "Portanto, cuidar dele é uma busca heroica com enorme luta": Veja Peter Kingsley, *Catafalque* (Londres: Catafalque, 2018).